所以？
妳想問我有什麼考試對策？
神田櫻子
大學時代的學姊
嗯！
坂巻陽菜
正在準備資格考試
還以為妳是去旅行。
帶那麼多東西
嘻嘻
一回神參考書就變這麼多了。
帶那麼多書出門只會把肩膀壓壞吧？
這也是為了考上啊！
妳是笨蛋嗎？
我是認真的！
下次考試妳只唸這本挑戰看看吧？
參考書？
對。是我準備考試時用過的參考書。
特地帶來給妳

スッ
※遞出
已經用不到了，妳拿去用吧。
學姊⋯⋯
是因為不要了，才塞給我的吧？
雖然學姊那樣說，
只有薄薄的這一本⋯⋯
不安
ドサササッ
※砰然
要是我，全都要唸完！
好～
我要考上～！
落ちました～
※我落榜了～
⋯⋯

沒唸完的書
像山一樣高
啊~啊
笨蛋。
我倒是一次就
通過了。
大哭
嗚嗚~！
把眼淚擦乾。
請安慰我~
（＞_＜）
ピロン♪
※叮咚♪
今天一起喝一杯吧！
唉——っ
明明學姊
工作也很忙，
為什麼我跟她
差這麼多？
※咚！
ドーンッ
也就是說，

頭腦聰明和讀書有效率是兩回事。
重點是方法！妳不懂得取捨選擇需要的資訊和不必要的資訊。
結果，就連參考書也完全沒減少嘛。
……
嗚嗚，對不起…
妳最好重新檢視讀書方法…
我下次想挑戰多益考到800分。
妳也一起挑戰吧……？

# 東大律師教你輕鬆高效記憶術

各種考試一次合格!

資格square負責人、律師
鬼頭政人／著　蘇聖翔／譯

# 高速完成記憶作業——前言

記憶力有所謂的「素質」或「才能」嗎？

在腦科學和遺傳學的領域中，從以前便持續研究這一點。然而，有的學者說「記憶力有75％是靠遺傳」，也有學者說「與生俱來的才能只有35％發揮作用」，並沒有得出結論。

就我個人的感覺，我認為「應該有」素質與才能可以影響的部分。

世上有能在瞬間流利地背誦龐大分量文章的人，也有能背出圓周率小數點後幾萬位數的人（附帶一提，世界紀錄是10萬位數）。想達到這種水準，果然素質與才能起了很大的作用。

然而，本書想傳達的終究是**「考試合格的記憶訣竅」**。

這裡所說的「考試」是指，包括日本國內最難通過的司法特考等各種資格考試、以多益為主的語言檢定等，**難度等級與出題範圍大致固定，能取得考古題（或官方問題預測）的考試**。

在這種考試中，針對記憶力提出素質與才能來討論是沒有意義的行為。因為那些考試畢竟只是「進入窄門的第一道障礙」。

並且，**在進入的階段要求「記憶力的素質與才能」的考試，就我所知，日本國內並沒有這種考試**。即使缺乏記憶力的素質與才能，只要下點工夫都能通過這些考試。

話雖如此，考試有實施日期，也就是截止日。在那天之前必須將出題範圍的必考內容背熟再面對考試。

假如你覺得**「該背的內容太多，時間也不夠」**，本書對你將大有幫助。

我一路從開成中學、高中→東京大學→司法特考過關斬將，在號稱「日本國內最難通過」的考試中合格。然而，我並不是擁有出色記憶力的人。在日常生活中也常常：

「欸，那個叫做什麼？就是那個啊，嗯……」

這種事經常發生。

**所謂「能夠考試合格的記憶力」，和記憶力的素質與才能是全然不同的能力。**至少前者是有訣竅的，也有技巧。並且，「抓住要領」也很重要。

我目前經營應付資格考試的線上學校，與面對面的個別指導班。

有不少學生雖然有幹勁，也很努力，可是能力卻發揮在錯誤的方向，導致實力停滯不前。

只是像無頭蒼蠅似地「努力」，你的努力並不會取得成果。

**既然要準備考試，就用確實的方法避免走冤枉路吧！**

所謂的「背誦內容」，對許多人而言或許是痛苦討厭的作業，不過輕鬆記憶和維持幹勁的方法，其實多不勝數。

本書塞進了許多**使記憶作業最快結束的「高速記憶法」**。

此外，為了讓各位讀者容易想像，大多以「學生時代的考前複習」作為具體範例，並且可以應用在所有的資格考試和語言檢定。

迅速完成記憶作業，順利通過即將到來的考試吧！

鬼頭政人

# 目錄



## 第1章 聰明的人如何面對「感到疲倦的記憶作業」？

第2章

# 輕鬆記住的背誦計畫

第3章

# 習慣記憶的方法

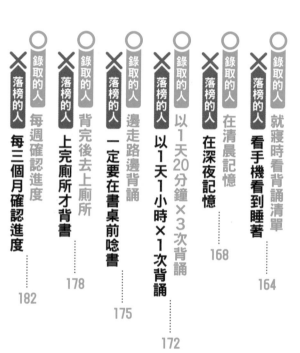

第4章

# 迅速記住的「最強記憶技巧」

○ 錄取的人 英文單字用接頭語整理

✕ 落榜的人 一個字一個字分別背下來

…… 212

第1章

# 聰明的人如何面對「感到疲倦的記憶作業」？

如果想拿高分，我覺得不重要的單字也要掌握，
可是根本記不住啊。
這一頁一直沒辦法背完啊～
以高難度的語彙實力和別人拉開差距的
英文單字王
啊！是學姊。
學姊～
揮動
揮動
櫻子學～姊～
喂～!!

車門即將關閉，請小心車門。
唔～她沒聽見～
ガタッ
※喀噠
哇！灑出來了。
ビシャ
※唰
ザザザ
※唰唰
ガタン
※喀噠
ゴトン
※轟隆
ガタン
※喀噠
唸不下去。
根本無法專心，待會兒再唸吧。
パタ
英文單字王
啊！
是學姊傳來的訊息。
今天工作結束後來我家吧。

打擾了～
抱歉，突然叫妳過來。
不會！謝謝妳邀我一起準備考試。
學姊的家好乾淨喔。
妳也把自己房間整理乾淨就好啦。
妳帶那麼多書出門啊？
多看一點書才有唸書的感覺啊。
太多了。
ドサ
ドサ
要是我，一本書先大致看一遍，
記不住的單字就抄下來隨身攜帶專心背誦。

※落下

可是如果想拿高分
只看一本不夠吧？
明明妳連一本
都沒好好地
看完！
說的也是。
與其
「解開無人能解的問題」，
「不漏掉大家
都會解答的問題」
才重要。
這是？
模擬考。
來吧。
咦？
我不要。
ドーン
如果妳認真寫，
就請妳吃燒肉。
好喔！
※咚！

燒肉
燒肉
カリカリカリカリ…
※沙沙沙沙沙沙沙…
結束。
……
最後沒寫完！
不可能啊～
撲
那是妳現在的實力。
正式考試也有時間限制。

我對自己的才能感覺到極限。
我已經不行了。
我不老了
妳真的很麻煩耶
如果有時間意志消沉，不如再看一遍。
這麼說來，剛才不是說如果妳認真寫就請妳吃燒肉？
!!
我覺得可以繼續努力了！
ガバッ
※抬頭
不過我不曉得該怎麼努力。
該怎麼做呢…？
一瞥
那我們先開應考會議吧！
喔喔！

錄取的人

# 老實地面對記憶作業

落榜的人

## 思考記憶作業的必要性

你是否坐在書桌前一邊灌輸知識，一邊思考這種事呢？

**背這些東西，到底有什麼用處？**

在你如此思考時，就已經輸給背誦了。

的確，儘管考大學時拚命地灌輸知識，入學後不曾用過的知識卻是多如牛毛。世界史年號、化學元素符號、古文詞彙……不像是考上後必定用得到才記憶的。

可是，**你現在必須跨越的眼前的高牆，就是考試。**要跨越這道牆，如果這些知識是必要的，就別說三道四，只得乖乖背誦。

思考「有什麼用處」等問題，只不過是討厭背誦的自己拚命找退路的藉口：「不用背這種東西吧……不，根本不需要背啊。」

「有什麼用處？」面對這個問題唯一的答案是**「對於考上有用處」**。既然決定參加某項考試，**現在的你就不需要其他答案**。

我因為工作的關係，教導許多學生與社會人士準備資格考試，不過**能順利考上的人幾乎都是老實的人**。

在大學入學考試考上最高學府東大的學生，大部分的資格考試也能順利合格。這麼一說，很多人會覺得：「他能考上東大，是因為本來就很聰明。」

這好像是能夠理解的說法，「那本來就很聰明是什麼意思!?」面對這個問題，卻沒人答得上來。

## 東大生知道錄取的「訣竅」

姑且不論自己是否意識到，**東大生（尤其是升學型學校出身者）大多知道「考試合格的訣竅」**。

這個訣竅不是自己無中生有，大多是學校老師或補習學校講師所教導的，或是以書上所寫的技巧為基礎。

那是這一行的專家看過許多合格者的實例之後，領悟到「這樣做就能抄捷徑」而創造出來的。比起尚未合格的人根據薄弱的預測：「這樣背一定能合格」，更具有說服力。所謂的訣竅「就是這一回事」，東大生都具有願意接受的特性。

寫了這麼多還這樣講有點難為情，不過我也是從開成高中順利考上東大文一。

雖然我並非想表示「我是老實的人」，不過學生時期「必須記住的內容」，我算是會老實地接受。與其這麼說，其實是連質疑的餘地都沒有。

這是因為，許多成功的例子就在眼前。**考上東大的學長們幾乎都使用同一本英文單字集，所以不會想使用別的書。**

此外，因為愈是捧著書熱心背誦學長愈能夠輕鬆錄取，所以我們：「背這些單字有什麼用處？」這種「沒有猶豫的餘地」的環境，正可說是升學型學校的優勢。

希望各位不要誤解，我並不是說「因為能唸升學型學校或東大，所以才會考試合格」。

變得老實，「如果需要背誦才能考試合格，就別說三道四，趕緊努力」，至少這件事從現在這一刻任何人都做得到。

你現在把教科書或參考書擺在旁邊正準備唸書，是因為你自己判斷，你必須做這件事（並且許多考試中，灌輸知識確實是必要的）。既然如此，就毫不猶豫地唸吧！只能貫徹到底了！

○錄取的人
# 覺得記住7成就好

×落榜的人
## 對於忘記3成耿耿於懷

人的頭腦具備各種功能。「記住」經驗也是其中之一，不過有個功能同樣重要。

那就是**「遺忘」**。

假如我們的頭腦不具備「遺忘」的功能，你不覺得很糟糕嗎？

過去人生中每天吃過的飯，路上擦身而過的路人的長相，要是全部都記得，大腦的記憶容量轉眼之間就爆滿了。**我們的大腦會輕易地遺忘可有可無的資訊，以確保全新的記憶容量。**

此外，即便是重要的記憶，隨著時間經過也會逐漸淡忘。若非如此，曾經失敗的人就不會再度挑戰；和朋友吵架一輩子都無法和好；失戀的痛苦也不會療癒。

現在，各位面對著必須記住的知識山，或許會覺得大腦具備的「遺忘」功能非常可恨，可是不會遺忘的人生就只剩下絕望。

資訊的「記憶／遺忘」的分類作業，是由大腦自動進行。基本上攸關性命的重大資訊，或是衝擊性愈強烈的經驗，就會留下愈深刻的記憶。

假如有過踏入某個地方面對死亡危機的恐怖體驗，當時見到、聽到、身體感受到的一切，無論經過多少年，只要回想起來身體就會顫抖，記憶非常強烈。

可是，**教科書或筆記本上羅列出來的知識，並沒有那麼強烈的衝擊性**。就算你對自己說：「如果沒有完全記住這些內容，考試就不會合格。要是下次沒有合格就沒命了！」大腦（你自己的腦）也會輕易地識破謊言。

## 不要在意沒記住的「3成」

那該怎麼辦？只能不屈不撓地讓自己的大腦明白這是需要的知識。具體而言，就是**不斷重複「忘了又記起來，忘了又記起來」**。

剛進公司時，即使馬上記住直屬主管與座位旁邊的同事的名字，到了其他部門，還是有好幾個人的長相和名字湊不起來。可是，每天見面打招呼，或是和同事對話時好幾次提起這個話題，漸漸地就認得每個人了。「那個人是誰？對對，就是他！」重複幾次後，不用費力也可以突然想起長相和名字。

背書也一樣。文字與數字排成的內容枯燥無味，大腦一下子就忘了。**努力背誦的隔天，還能記得7成就算是成果不錯**（就算如此，就這樣放著也許到了後天便全忘光了）。**剩下的3成加進清單隔天再看，或者把記不住的知識整理出幾天的分量再一起背**。看過幾次後總有一天，就算不願意也會記住。

但是，**把準備考試看得很複雜的人，非常在意背不起來的那3成，而深感挫折：「我就是做不到」**。明明只要再背一次就好，卻提不起幹勁。心裡先認定自己不擅長，就會連做得到的事也做不好。

錄取的人

# 擁有成功經驗

落榜的人

# 沒有成功經驗

學習任何科目在幹勁十足時就能順利進行，不過問題在於幹勁低落時。

轉換心情等待幹勁恢復也是1個方法，不過考試日程無法變動。等待期間時間也會無情地過去，這會令人更焦急，把自己逼得更緊，因而陷入惡性循環。

其實，幹勁低落時也能夠學習。

**那就是，背誦內容。**

如果用大學入學考試來比喻，論文或數學的記述問題需要靈活的想法，所以在停滯不前時就不會順利。

然而，背誦內容的「記憶」（回想以前記憶的內容），這個作業在頭腦的用法算是單純。這只是背與不背的問題。

但是因為單純，所以背誦內容既費勁又使人睏倦。

若是實踐問題，會有「懂了！」、「解開了！」的喜悅和成就感，可是背誦內容卻沒有。

即使覺得「記住了！」幾天後也會輕易地忘記，或者很久以前記得，「咦？完全不記得了……」也是常有的事，總是疑神疑鬼地努力背誦。這正是背誦內容的宿命。

提不起幹勁時，過去的「成功經驗」能讓自己振作起來。

如果憑經驗知道徐緩向上延伸的費力山路，越過後前方就有美麗的風景，就會湧現前進的力量。

同樣地，在過去的考試中**憑藉背誦的努力獲得高分或合格，擁有成功經驗的人在**

不起勁的時候，也會產生「來背點東西吧」的心情。

## 「背誦」不會背叛你

升學型學校的學生很會考試，並非因為原本就很聰明，而是因為成功經驗的累積。

他們在每次校內測驗或模擬考都會猜想：「這次測驗是第幾名？」他們正是置身於不得不意識到這點的環境中。**某種程度出題範圍固定的考試，是否記住知識會決定7～8成的成果**，所以他們比一般學生經歷過許多「認真記住內容，排名就會提高」的體驗。

因此即使幹勁有些低落時，背誦內容是絕對不會漏掉的（有不少學生認為背誦內容「並非學習」）。

可是，過去沒有成功經驗的人，並不曉得努力背誦之後能得到什麼，所以心情憂鬱。

**沒有成功經驗的人，只能以別人為借鏡**。自己挑戰某項考試時，可以去問合格者的經驗談。其中或許有用奇怪方法通過的人，不過多問幾個人，他們一定會告訴你「灌輸知識」的重要性。

或者有個方法是，自己設下障礙，累積「虛擬的成功經驗」。**決定每月、每週、每天要記住的範圍，達成目標後就稱讚自己**。可是把完全記住範圍當作課題會有反效果，所以記住7成的範圍便可算是「成功」。給自己一點小獎勵也是個方法。

費勁又使人睏倦的背誦內容，下各種工夫面對它，避免厭倦或沮喪吧！

錄取的人

# 參考成功者的意見

落榜的人

## 固執於自己的成功經驗

過去曾有成功經驗的人，知道累積踏實的努力之後能得到什麼，所以面對費勁又使人睏倦的背誦內容也願意努力。然而，這樣的人必須注意一個陷阱。

是什麼陷阱呢？就是**「過去的成功經驗」**。

我知道這種說法自相矛盾，不過「兩面刃」就是這麼一回事。**不徹底的成功經驗，恐怕會讓你離通往合格的距離愈來愈遠。**

本書的立場是「大部分考試約有7成是由背誦來決定」，可是並非一股腦兒地背下來就好。考試一定有出題傾向，也有因應的對策。

並且，你當成成功經驗所認知的考試，和你接下來應考的考試不一樣。

也就是說，你過去實踐進展順利的手法，在你接下來面對的考試未必有效。

## 錄取的人偷學「成功者的技巧」

**考試錄取的人會參考考試合格者的意見或建議。**這是因為，比起尚未通過考試的你的成功經驗，有事實證明更具有說服力。

但是，**固執於自己的成功經驗的人，不會聽從考試合格者的意見，或專門收集資訊分析的專家（講師或諮詢師等）的建議。**

考試得先掌握出題題型和傾向，瞭解需要何種程度的知識與深度才開始準備，可是有些人會說：

「我考上大學時，就是靠這個方法成功的。」

「總而言之只要記住用語的意思就行了。」

堅持「自己的方式」的人並不少。

例如，有人接下來要挑戰籃球比賽，卻不練習投籃和陣型；「我就是靠這樣打進甲子園的」，此時他只顧著練習揮棒，你一定會覺得他是笨蛋吧？這完全是搞錯方向。

**過去的成功經驗有效的部分只有「勤奮努力就會有回報」，或「任何事都不能忽略基本」等原理原則。**除此以外的部分，應該參考成功者（或是十分瞭解該考試的專業指導者）的意見。

不過，就算是在該考試成功的人，只聽一個人的意見也有風險。因為也許是他的方法碰巧在那個時候適合（誤打誤撞）而已。

看了幾個人的樣本，聽了意見與建議後，

**「好幾個人都這麼說，那就是真的吧？」**

**「他們說的都很有道理，不過我應該適合這個方法。」**

要像這樣，最後自己判斷。因為對於考試結果，能負起責任的人只有你自己。

錄取的人

# 先減少該記憶的分量

落榜的人

## 盡量多背一些

努力背誦之時，有個絕對要記住的鐵則。那就是，

**別去背用不著記住的內容。**

雖說聽起來理所當然，可是沒想到很多人都沒做到。

雖然人的大腦具有無限的可能性，可是記憶的作業需要相對的時間與勞力。

讓我們藉由以下例子思考一下。

**①只要知道選項中舉出的事實正確與否。**

**②必須將選項依正確順序重新排列。**

**③包含詳細的數字，全都得正確地寫出來。**

的確面對考試時，知道愈多知識愈有利。以右邊的例子來說，③可以答對的人，①和②也能答對。可是在正式考試之前有限的時日中，有①的知識就足以應付的人，真的需要具備③的知識嗎？

把記住③的知識的時間與勞力，用在其他學習或練習，如果這樣能提高合格的可能性，就應該毫不猶豫地執行。

也許對任何事都全力以赴、追求完美是種美德，可是**連沒機會用到（也沒那麼重要）的知識也拚命地背誦，其實並不合理。**你現在必須做的事情是，盡量提高合格的可能性，為此得走最快的捷徑。

考試錄取的人在開始背誦前，會先鎖定要記的知識。**他會先從書中將必要與非必要的部分快速分類，只挑出必要的部分製作清單。**

「都特地買書了，這樣很可惜……」

不要在這種時候露出小氣的一面。如果你真的想背，不妨保留作為考試合格後的「樂趣」吧（實際上先保留的人，不會再翻出來看）。

另一方面，考試落榜的人明明不善於記憶，卻不懂得「知識的斷捨離」，每一項都想塞進腦子裡，把自己搞得很苦悶。

並且，對於無法如願背起來感到焦躁，也不擅於整理，所以沒辦法想起已經記住的知識。必要時想不起來的知識，就等同於沒有記住。

你的腦子裡，是否變成了知識的垃圾屋？

錄取的人

# 使用最暢銷的記憶書

×

落榜的人

## 使用別人不用的記憶書

我在撰寫前著《東大合格者が実践している絶対飽きない勉強法（暫譯：東大合格者實踐的絕不厭倦學習法）》（大和書房）之時，針對學習法與教材，向幾位東大生進行了訪談。結果得知一項事實：

**我訪談的東大合格者有9成使用了同一本英文單字集。**

去書店看看考試參考書的角落，考試單字集出了許多書，多到可以塞滿整個書架。儘管如此，大家都舉出同一本書，老實說太令我吃驚了（附帶一提，那本書是《鉄緑会東大英単語熟語 鉄壁（暫譯：鐵綠會東大英文單字慣用語 鐵壁）》）。

挑選參考書或教科書時，也許有人會這樣思考。

**「想和競爭對手拉開差距，在競爭中脫穎而出，就不能和大多數人使用同一本教材。」**

雖然聽起來有些道理，其實並非如此。像大學入學考試這種篩選多數報考者的考試，或每次會有一定比率合格者的測驗，是依相對評價評分。

與其在這種考試中超越競爭對手，不被拋在後頭更為重要。這樣排名才會相對提高。

例如，假設有個知識並未出現在大多數人使用的參考書A，反而出現在少數人使用的參考書B。然後，剛好那個知識在測驗中考出來了。使用A的大多數考生沒有得分，只有使用B的考生得分。

當然，也會有相反的例子。雖然出現在大多數人使用的參考書A，卻沒有出現在少數人使用的參考書B，這個知識在測驗中考出來。使用A的大多數考生獲得分數，使用B的考生卻沒有得分。

參考書A與B的內容難分優劣（只有人氣的差別），如果兩種情形都是同樣的配分，無論使用A或B，風險機率是相同的。

然而，參考書A裡頭的知識出題時，使用B的人與「大部分的人」分數拉開，相對地，B裡面的知識出題時，只會和「少部分的人」分數拉開，相對地排名不會下降。

或許大家對考試的印象是「選出比別人優秀的人」，實際上**「沒有知識的人會被刷掉」**的印象更為正確。

話雖如此，我並非想表達「不使用最暢銷的參考書就考不上」。而是**錄取的人有如此選擇的傾向**。開頭所說的東大生訪談中，也有人買9成的人「並未使用」的單字集來學習，並順利考上東大。

最近網路上顧客評論也十分充實，評價差的書就趕快淘汰吧！

換句話說，「用這本就會考不上」，內容很糟的書根本不會擺在書店裡。若是重頭選擇，當然推薦使用最暢銷的書，不過如果已經買了記憶書，而且已經開始使用，那最好還是把這本書唸完。

# 錄取的人 在搭電車之前背10個

## 落榜的人 搭上電車才背10個

背誦內容不需要思考再擠出答案。只要「記住」就行了。**這裡所說的「記住」是指，①先裝入腦袋的作業；和②確認事先裝入腦袋的知識，是否能一下子回想起的作業。**如果不用看筆記或清單就能說出來，那就是「記住了」。

雖然也得看記住的知識量與內容，不過和解數學問題或英翻中、中翻英相比，**背誦內容算是負荷比較少的學習。**

裝入腦袋的知識是否會形成記憶，等到日後才會知道。如果事先裝入腦袋的知識遺忘了，只要再記住即可。就算記不住也不用心急，而且再怎麼心急也無濟於事。

因此，**背誦內容（尤其②的確認作業）隨時隨地都可以背，也可以零碎記憶，也**

例如，你正要背中國的歷代王朝。從紀元前21世紀傳說中的「夏」王朝到現在的「中華人民共和國」，要唸完寫在清單上的筆記，究竟得花多少時間呢？

夏、商、周、秦、漢、三國（魏、蜀、吳）、晉、南北朝、隋、唐、五代十國、宋、元、明、清、中國民國、中華人民共和國。

雖然實際上有四千年，但是唸完只需10秒。復誦幾次後是否「不用看也背得出來」儘管因人而異，不過復誦10次需1分40秒、30次是5分鐘、50次也只花了8分20秒。

## 車站月台是最好的背誦場所

假設，你正在車站月台上等電車。在下一班電車到達之前，還有大約10分鐘的時間。這時立刻拿出筆記，復誦「中國歷代王朝」，單純計算後你可以復誦60次。

姑且不論幾天後你還能否回想起來，這時間足以讓你不用再看筆記也背得出來吧？

此外，**如果你立誓「在電車到達之前我要背起來」，就能給自己施加適度的壓力**。大多數人覺得「可以待會兒再做」的工作，通常都會拖延吧？等到期限逼近才發現：「糟了，得趕緊動手！」

電車會從前兩站↓前一站↓這一站一分一秒地逼近。在剩餘時間內能否背起來呢!?這種**心跳加速感變成恰到好處的緊張感，可以提高集中力**。

但是，對於10分鐘左右的等待時間，如果你想著：「等上電車再背吧」，只是心不在焉地看著車站的廣告看板或是滑手機，轉眼之間時間就過去了。

「等上電車再背吧」，也許你以為這是在空閒時間也要學習的積極態度，不過並非如此。**錄取的人在這個時候會記住10個、20個，一有空閒時間就開始準備背誦，所以隨時在口袋裡塞了筆記**。

不過是10分鐘的等待時間，然而這是10分鐘啊。這樣的空閒時間在接下來的考試、測驗的正式日期之前，還能有多少呢？每次善用與否，錄取的人和落榜的人之間的差距便不斷地拉開。

錄取的人

# 寫出不記得的部分

落榜的人

## 經常隨身攜帶參考書

取得新的參考書，任何人都會鼓起幹勁：「好～書上寫的知識全都要背起來！」不管去哪兒都隨身攜帶，找到空閒時間就翻個幾頁記在腦子裡——大家都是如此嗎？

其實這個做法，

**就參考書的用法而言，非常沒有效率。**

說起來，書上列出的知識，全都是你不知道的知識嗎？若是如此，你要開始背誦的話時間尚早。**因為背誦是理解大略的基礎與框架後，有效率地拓展知識廣度的作業**

（為了合格應該從何著手，之後會詳細說明）。

以下舉英文單字集為例說明。

假設你使用「收錄語彙數1500字」的英文單字集來加強英文的語彙能力。你連續翻個幾頁，裡面會有已經知道的語彙吧？假設有3成是已知的語彙，對你來說其中450字便是不需要背的「無用資訊」。

那麼，剩下的1050字先看完「第1輪」。1輪的標準是1天的進度大致能背出來，隔天檢查時還記得7成就繼續背……以這種做法，看到最後一頁（這畢竟只是標準的基準）。

接著進入「第2輪」，因為時間經過，你已經忘了內容。還記得一半就很難得了。因為是1050字的一半，所以你記住了525字。於是這本英文單字集收錄的65％（975字）就會變成「已經無用的資訊」。

如此再看第3輪、第4輪、第5輪……每次背誦「變得無用的資訊」便逐漸增加。換言之，**把英文單字集放進包包裡，等於隨身攜帶不用背的知識清單**。不管怎麼想，都不算有效率。

更進一步地說，隨身攜帶同一本英文單字集，單字在哪一頁哪個位置的記憶，有可能讓你產生「誤以為」記住知識的不良影響。正式考試時，不會依照英文單字集上面的順序測驗你有無記住。既然如此，**不應該藉由頁面、位置或字面記住知識，必須將知識直接記在腦子裡。**

我建議的背誦進行方式如下：

**首先，從這本英文單字集把該記住的知識（＝尚未記住的知識）寫在紙上。**雖然建議手寫，可是如果分量龐大，不如輸入到Excel，然後印出來。在集中力高的時候先記住，等到空閒時間再確認，記憶就會成形。

然後隔天確認是否還記得，如果記得7成，就把忘記的那3成知識，在英文單字集上面畫記號，進入下一個進度。

用來背誦隨身攜帶的紙，如果已經用不到就丟掉。

這樣第1輪結束後，**第2輪就只把英文單字集上有畫記號的知識寫在紙上背誦。**

另外，定期地（1個月1次，或每週結束時）重新檢視整本英文單字集，確認有無應該已經記住卻忘記的知識，發現後就回到上一步「寫在紙上列出來」。

換句話說，**英文單字集與其說是用來「記住書上的知識」，不如說是用來「找出尚未記住的知識」**。

隨身攜帶變得破破爛爛的參考書，或許令人感受到「認真學習」的風格，不過這只是自我滿足。**重點在於是否已經記住書上的知識**，僅此而已。

雖然在此舉英文單字集為例，不過在英文以外的資格考試觀念也一樣。重點是，掌握「自己尚未記住的知識」，然後列出清單。

# 錄取的人
# 時間一到放棄背誦
## 落榜的人
## 在背熟之前不會繼續向前

大家在學生時代應該都有過「臨時抱佛腳」的經驗吧？即使一個晚上硬背也記不住多少分量，考試結束後一下子就忘光了。簡直是**「easy come easy go」（來得容易去得快）**的代表例子。

**背誦無法一蹴而就**。

只能每天花時間一點一滴地累積。可是，也不是花了時間就能記住。

也許是完美主義，有的人會規定自己「今天要把這100個知識完全記住。在背完之前我不會做別的事！」然後再開始，不過有2個理由顯示這並非聰明的做法。為什麼呢？

第一，這種做法和「臨時抱佛腳」相同，因為即使記住了也很難形成記憶。**「記住」的作業與「記憶成形」的作業是兩回事**。說起來後者更加重要，必須重複進行。

第二，**就時間的用法而言是錯誤的**。想必社會人士都明白，工作有所謂的「最後期限」。在規定的日期之前，即使不算「完美」，也必須「盡可能」告一段落並且提交。

學習也一樣。在考試會場監考官說了「時間到！」你卻央求：

「再10秒就能寫完……」

講這種話有用嗎？雙手若不馬上離開答案卷就會喪失資格。

這一刻的時間早已決定，無論你如何掙扎也無法變動。剩餘時間還有幾個月，也許還感覺不到非常急迫，不過就連現在這一刻也持續倒數計時。

這種情況下，「在背完前不做別的事」看似在考驗自己，其實只是允許自己「不設截止期限的任性」。

## 準備考試一定要計算時間

**不只背誦，準備考試都要計算時間。**

時間每時每刻都在減少，「瞬間疏忽大意就無法完成進度」的緊張感能提高集中力，並提升效率。對自己施加精神上的負荷，同時也是在被時間追著跑時竭盡全力的訓練。

就算只是背誦內容，自己無法達成規定的進度，眼睜睜地看著時間到了，也會覺得十分懊悔。可是，這是訂下的規則，所以不能「延長」。儘管抱著不痛快的心情，也要開始下一件該做的事。這時儘快轉換心情，專注於下一件事，也是一種訓練。

「下次一定要背到正好告一段落的地方。」

把這次的遺憾，轉化成下次的動力吧！

**試過幾次之後，雖然一開始10分鐘背不了10個，可是掌握到背誦訣竅後，就會增加到20個、30個……**藉由數字確認進步後，幹勁就會更加提升。

錄取的人

# 優先誦讀不拿手的科目

落榜的人

# 繼續加強擅長的科目

應該在有限的時間內發展自己擅長的領域？還是彌補不擅長領域的不足之處呢？這真是令人苦惱的問題。

對許多人來說，擅長的科目＝喜歡的科目、不擅長的科目＝討厭的科目吧？無論是誰，比起挑戰不拿手的事，更想做擅長的事。大家都想做喜歡的事，盡量避開討厭的事。

在運動與藝術的世界中，可以徹底鑽研「擅長」或「喜歡」的事，可是如果想通過考試，就應當**優先學習不擅長的領域**。

這點是鐵則。至於理由有2個。

第一，因為**克服不擅長的領域得花時間**。

擅長的領域不用特別下定決心也會主動找時間去做，因為喜歡所以短時間內能全心投入。

但是，**想要克服不拿手的事情時，踏出第1步需要極大的能量。因為不懂的部分很多，常常會碰壁**。在理解基本的框架，累積一定程度的知識之前，無法期待進展順利。

正因如此，必須儘早開始。

另1個理由是，**性價比方面驚人的差異**。

例如，假設有個3科300分滿分的測驗。配分各100分。你挑戰了考古題，擅長科目拿到80分，既不喜歡也不討厭的科目拿到50分，不擅長的科目只拿到20分，合計150分。

**大部分考試只要7~8成答對就能合格**，所以假設最低合格線是210分。在正式考試之前，必須設法再提高60分。

這時如果覺得：「不拿手的科目實在提不起勁」，結果只去唸擅長的科目。可是，假設這一科能拿到100分，那最多只能再加20分，無法達到合格線。

而且，**大部分考試會平均分配高難度／中難度／低難度／的問題。**如果拿手科目能拿到80分，接下來必須面對的就只有高難度的問題。

相對地，只拿到20分的不拿手科目，「成長潛力」還有80分。而且，**還有許多中難度／低難度的問題沒拿到分數。**努力鑽研不拿手科目的低、中難度問題，要是成績能提高到60分，還差20分便能合格。這時普通的科目再多15分，拿手科目再多5分，就能達到合格線。

錄取一定名額的考試或是有一定比率合格者的測驗，這種測驗並非發掘特別的才能，而是刷掉做不到大家都會的事情的人。與其拿滿分，不如設法提高分數，也更適合目的。

對許多人而言不拿手科目＝討厭的科目，所以對它敬而遠之（不想唸）。不過，**「還沒有認真地面對」，也表示「認真面對的話成長潛力非常大」。**

錄取的人

# 在正式考試前的體能管理傾注全力

落榜的人

## 硬拼到正式考試前

拼盡全力直到最後一刻的態度非常了不起。距離正式考試不到1個月，抓緊時間最後衝刺，迎頭趕上吧！

然而，在正式考試前灌輸知識並不好。在考試會場也會看到一直拚命地看參考書的考生，不過這樣沒什麼好處。

**在正式考試前「什麼也不做恰恰好」。**

「考前記住的知識剛好考到，這1題正是決定了合格與否」，有些人會煞有其事地述說這麼一段故事。

若是學生的期末考，大概會有這種幸運的事。然而，**得花幾個月～1年準備的資格考試，如果你的實力必須期待這種奇蹟，就很難合格。**

資格考試要求的知識不僅要「記在腦子裡」，還必須「按照需要立刻取出」。即使背得滾瓜爛熟，因為正式考試特有的緊張感或壓力，通常無法發揮100%的實力。應該會的卻寫不出來，明明記得的知識卻想不起來，正是「考試失常」。

如果事先猜想到這種情形，那就**必須具備就算只能發揮7～8成的實力，也能合格的知識與程度**。並且，也得調整成能夠發揮將近100%實力的狀態。

至少從正式考試2週前開始，要慢慢地減少衝刺，開始調整狀態。即使「沒唸完」，也要乾脆地告一段落。

話說在考試中，將所需知識完全唸完再面對正式考試，是很稀有的情形。「沒唸完」是理所當然的事，不用過於耿耿於懷。盡量活用現在擁有的知識，把目標變更為合格才是上策。

## 錄取的人如何「調整狀態」？

為了調整狀態，有許多該做的事。例如調整睡眠時間。**配合正式考試以相同的時間表過生活，在考試開始時間頭腦就會更清楚。**

在那之前「因為夜晚寂靜唸書比較順利」的夜型人，光是恢復成晨型人就得多花1～2週時間。

若是社會人士，有時也要調整工作。事先把工作處理完，考試前一天就不用加班，或是請主管或同事協助，事前盡可能作調整。

睡眠不足不用特別討論，不過睡過頭也是個問題。多久的睡眠時間才適當基本上因人而異，所以要事先掌握自己的最佳狀態，並且做好準備。

飲食方面也是，不要在考試前夕討吉利，吃了平時吃不慣的大餐，或是在正式考試當天吃了平時不常吃的早餐類型，要是在考試時昏昏欲睡，那可不是鬧著玩的。

考場也有「魔鬼」。**做了與平時不一樣的舉動，產生了細微的不協調感，使焦慮**

**與緊張增幅後，就會打亂集中力。**在考試開始前還想硬塞知識的人，和從2週前就專心調整狀態的人，誰才會得到更好的結果呢——根本無庸置疑吧？

錄取的人

# 先建立知識框架

落榜的人

## 在建立框架前灌輸知識

面對考試開始學習時，應該從何開始著手呢？

因為本書是記憶法的書，也許你認為我會說：「先從背誦內容開始」，實則不然。

**學習並非從背誦內容最先動手。**

**應該先做考古題**。當然因為還沒開始唸，不會拿到像樣的分數。那也沒關係。就算一開始就看答案也無所謂。總之，最初要從考古題開始著手（關於這點會在P.96詳細解說）。

**接下來該做的事，是唸最基礎的教科書。**並非「從基礎到應用靠這一本全面網羅」的厚重參考書，而是只有簡潔地解說理解框架的薄薄一本最為理想。

藉由這本教科書**建立理解的框架之後，再記住知識。**若不這麼做，就只是將知識原封不動、雜亂地塞進腦子裡。既沒有整理，也沒有照順序排列，一下子就裝滿了，必要時也無法取出所需的知識。就好像書架上放了好幾本已經解體的書，一頁一頁地隨意擺放。

必要時想不起來的知識，就等於不知道。**在理解的框架建立前就背誦內容，實在沒有效率。**

如果我接下來要學習完全未知的語言，例如從頭開始學阿拉伯語，首先我會去找最簡單的文法書。

這時我會先理解大致的框架，如阿拉伯語的文法構造是「VSO型」、文字是由右向左寫、名詞有男性形和女性形等。

當然，要理解大致的框架，也必須知道最起碼的單字。文法書裡的例句等也會出現許多語彙。

這些在理解阿拉伯語時是必須記住的重要知識。

雖然這也是背誦的作業，不過和「背誦內容」有所區別（並非記憶方法不一樣）。

把教科書唸完，能夠讀寫基礎的例句後，才要開始增加語彙的背誦作業。

**理解文法規則才知道怎麼查字典，更換或套用例句的語彙就能掌握文章的內容。**

假使在建立理解的框架前只知道單字的意思，也幾乎沒有用處。

如果知道句子裡所有的單字，或者排列組合使意思能通，或許能擠出像樣的翻譯。可是，一直死背直到具備這麼多的知識（語彙量），那也得繞一大圈，而且語言的語順只要稍微不同，有時會變成全然不同的意思。

無論學習或工作，都**得先瞭解原理原則**。並且還要充實知識，具備能對應各種事例的彈性。

請記住，「先建立理解的框架，再開始背誦內容。」

錄取的人

# 在各種地方背誦

落榜的人

## 在固定的地方背誦

任何地方都可以學習。

在通勤電車上搖搖晃晃的20分鐘；在車站月台等電車到達的5分鐘；在定食屋等料理上桌的10分鐘；燒開水泡咖啡的2分鐘；在廁所裡歇一會兒的3分鐘；在公園散步的5分鐘；上床睡著前的15分鐘……這樣就能確保60分鐘的學習時間。

**錄取的人都會有效地運用零碎時間。**

5分鐘或10分鐘等零碎的空閒時間，即使沒做什麼特別的事也會輕易地流逝。可是，假設1天能多擠出60分鐘的學習時間，1個月就有30個小時，1年就有360個小時。

你可以試著攜帶碼表，計算1天有多少空閒時間。**即使平時很忙碌的人，有心的話至少也能再擠出30分鐘的學習時間。**

話雖如此，剛才還在進行其他作業，突然要把頭腦切換成「學習模式」是需要訣竅的（習慣後就能學會）。如果是要把長篇文章融會貫通，或是按部就班才能得到正確答案的學習內容就不適合。

基於這個理由，**空閒時間最適合用來背誦內容**。背誦1個用語與意思，有10～15秒就夠了。這麼一來，1分鐘就能背4個，3分鐘就能記住12個知識。

為此，必須**隨時準備該記住的知識清單**。

「喔，現在可以學習。該唸什麼呢……？」

光是在包包裡找東西就損失了20秒。先把筆記放進口袋裡，「有時間就背」吧！

## 「在各種地方背誦」的優點

空閒時間最適合背誦內容，其中還有1個理由。那就是，**在回想的線索加上「場所」這個小小的「頭緒」**。

例如，我們對於遇見某人的記憶帶有各種「頭緒」。日期與場所和情境、穿著的衣服和髮型、和誰在一起、說了什麼、是開懷大笑或是憤怒、第一印象如何……etc。即使這個人的名字沉入記憶深處，依靠這種「頭緒」就能喚起記憶回想起來。

但是，只是羅列在清單上的知識，往往不過是更換順序的文字與數字的排列。這些知識冷淡、毫無表情，記住後要回想起來也很費力。

**在各種地方背誦，冷淡、毫無表情的知識就能附加「位置資訊」這個小小的「頭緒」**。當你看著清單，

「咦!?這個用語剛才背過了……啊，是等餃子端上來的時候！」

有這種瑣碎的提示也好。如果留有「知識快要沉入深處又被拉上來」的紀錄，便

成記憶。每次拉上來時，因為「頭緒」增加便容易回想起來，最後也不再需要幫助瞬間想起的「頭緒」。

如此一想，**背誦內容（尤其是回想的作業）與其總是在固定的場所學習，在不同地方學習或許更有效。**

錄取的人

# 每天進度超前一點點

落榜的人

## 完全背完規定的進度

每次都完全達成進度的人，和總是差一點點的人——你想成為哪種人呢？也許大多數人都會選擇「能達成進度的人」。

**錄取的人對於決定好的「今日進度」，每天都會差一點點。**

在商場上「未達成」得負起責任，能達成進度當然比較好。但是，每天的學習不是這麼一回事。

例如，假設你決定每天背20個知識，而且如期達成。**達成進度後也許你會心情暢**

**快很好入睡，不過要是再努力一點，或許你可以多背2個。**

如果繼續1天背20個的進度，10天就能學會200個知識。可是每天再「追加2個」，10天就有220個，1天超前的進度決不可小看。

我為了健康進行肌力訓練，仰臥推舉可以舉起120公斤。雖然並非每天進行肌力訓練（同一部位每天訓練反倒會有反效果），我跟著教練每週訓練1～2次，慢慢地增加重量。

最初是從50公斤開始，就算持續幾個月「50公斤舉10次×3組」，也不可能舉得起120公斤。每次都要挑戰極限「舉不舉得起來」。

如此一來，上週全身顫抖，在教練的協助下勉強舉起的重量，這一週總算能自己舉起來了。原本需要102%（2%是教練的協助）的力量，現在靠自己的100%就能辦到。雖是小小的成長，日積月累便能使紀錄刷新到120公斤。

## 背誦和肌力訓練相同

背誦能力也一樣。依我的經驗，即使1天頂多能背20個，只要每天持續挑戰極限，1天能記住的知識量便會逐漸增加。

**「可以完全背完規定的進度」，證明你還有餘力**，不會有效地增加背誦量。

「既然如此，一開始別設定進度，『能背多少盡量背』不就好了？」

也許你會這麼認為，可是這不一樣。基本上人類是弱小的生物，不設定進度馬上就會出現惰性。

因為工作很累、因為昨天沒睡好、因為想唸其他科目、因為昨天有多背1個了……等，人都會找各種理由，「做到這裡便算是今天『多做一些了』」，擅自設下上限，欺騙自己已經達成了。

沒有達成進度會很懊悔，自己覺得沒出息。請把這種不痛快的心情化為明天的幹勁。**把手伸向似乎能觸及的目標，就能超越昨天的自己。**

## ○錄取的人
# 在週末前宣布要背的範圍

## ✕落榜的人
# 自己規定要背的範圍

學習是一個人的事。背誦更是如此，自己要背到何時何處，與他人無干。然而上一節也有寫到，人是弱小的生物。即使並未實現自己許下的諾言，也不會給任何人造成困擾，更不會有人責備你。這麼一來，就會給自己找各種藉口，逃避現實。

**在考試中得到成果的人，通常是大嘴巴。**

對於幾個月後即將面對的考試，你會跟身邊的人說嗎？該不會不向任何人提起，打算「偷偷地」跑去考試吧!?若是如此，為何要這麼做呢？嗯，其實也用不著問。因為沒考上會很丟臉。

參加考試原本就不用對人說。假如說了，一定會有人問：「結果如何？」詢問者也會覺得：「應該是很有自信，才特地跟我說的吧？」當然會期待你的好消息。

如果你回答：「結果沒考上……」這實在很不像話。詢問者也會覺得很尷尬。氣氛瞬間變得很詭異，這時只能說句老套的話：「嗯，再努力吧」，然後趕快逃離現場。

假如會這麼丟臉，事前乾脆閉嘴，別提參加考試的事。除非結果不錯，再跟人說：「其實我之前在準備考試。」無論事前或事後說，合格後都能聽到一句「恭喜！」結果是一樣的。

若是只考量旁人的評價，這算是很妥當的選擇，不過**反過來利用「宣布後沒做到很丟臉」，就能把自己逼進放手一搏的狀況。**這正是切斷退路，「背水一戰」。

比起能獲得什麼的期待，失去什麼的不安更能影響一個人。**比起「若是成功能獲得1億日圓」，宣告「失敗就會面臨死刑」會使一個人更拚命。**這或許可說是以存活為優先的防衛本能。

## 把自己逼入「背水一戰」

如果善用這種心理，背誦也會順利地進行。面對朋友或同事（最好是集合了許多人的團隊）宣布：

「這一週從清單的這裡到這裡我都要背起來！如果我做不到，就請所有人燒肉吃到飽！」

光是「絕對要記住」，別人只會事不關己地說一句：「那就加油吧」，但要是拿請客當賭注，不管對方願不願意都會受到矚目。而自己既然話已說出口，沒實現就會下不了台。

而且要是做不到，在宴席上自己就得以敗者的身分同席而坐。

「做不到的事還特地『大肆張揚』，結果你看看，哈哈哈！」

明明忙著準備考試（只有這種時候會想要唸書），還得抽出寶貴的時間成為大家的笑柄，甚至這一桌還得由自己買單。不過是背不起來就得受到這樣的屈辱，當然不得不努力囉。

這個作戰的**訣竅是，覺得進步緩慢時在關鍵時刻使出這一招，並且覺得「這些數量有點難達成」時，就要斷言「絕對做得到」**。既然要切斷退路，背水一戰，如果說出平時就能做到的分量，那便毫無意義。盡量誇張一點，向對方挑釁或者說法討人厭，就會更加有效。

錄取的人

# 懷著強烈的慾望

✕ 落榜的人

## 說著不切實際的夢想

**準備考試的原動力是「慾望」。**「努力就能合格。通過考試後就能做想做的事」，正因這麼想，才會刻苦努力費力地背誦。這裡刻意不說「夢想」，而是說成「慾望」，是因為：

**愈鮮明的欲望，愈能激起幹勁。**

比方說有人問道：「你為什麼要挑戰那場考試？」

「我想當律師，幫助弱勢立場的人。」

「我想當醫生，治好生病的人。」

「我想貢獻社會，聽到許多人感謝我。」

有的人會述說這種照本宣科的「夢想」。這件事本身當然並非壞事，有的人是發自內心擁有崇高的理想，發奮上進。

可是，人還有更庸俗、充滿煩惱、貪得無厭的一面。**想通過費力的考試，懷有強烈的動機會更有利。**

「想變成有錢人。」

「想要有異性緣。」

「想要住豪宅。」

這些慾望都很強烈。即便如此，當成點燃動機的燃料仍略微不足。**慾望太過模糊不清，仍未脫離想像的範圍。**感覺好像是「反正不可能，只是說說而已」。

可以的話，去找獲得成功到處吹噓的人，看到「現實中的例子」，就會懷抱更**有真實感的慾望。**

「我年收入賺到3000萬日圓後，就買了瑪莎拉蒂四處兜風。」
「合格後我要向○○小姐求婚，絕對要讓她點頭答應！」
「我要靠證照提升能力，明年搬到那座高塔式住宅大樓！」

**假如懷有這樣具體、「強烈的慾望」，那就沒問題**，也不會輕易氣餒。若是停滯不前或是進入撞牆期，就看看進口車的展示間；或是向○○小姐宣示：「我一定會考試合格！」（切斷退路，「背水一戰」的作戰）；或者在將來想住的街區一邊散步一邊努力背誦也不錯。

向司法特考的合格者打聽，能夠具體地想像未來是不錯，不過我對這種做法存疑。

若是自己憧憬的特定人士也許有效，可是透過別人牽線介紹，聽了這些人的話真的會激起幹勁嗎？即使同樣是律師，工作內容和立場也因人而異。就算尋求學習方法的建議，別人的做法也未必適合自己。

「當律師有什麼好處？」、「我直截了當地問，您年收入有多少？」、「這樣會有女人緣嗎？」如果能聽到直接刺激慾望的內容就有價值，不過對於不特別親近的長輩能否開口問這種不入流的問題，或者對方會不會興致勃勃地回答，還是個大問題。

第2章

# 輕鬆記住的背誦計畫

滋滋滋滋滋
嗯～好好吃～
※滋滋滋滋滋
欸欸，學姊也要多吃一點啊。
借花獻佛啊？
燒肉可以令人感到幸福。
今天試做模擬考，感覺如何？
似曾相識的單字比想像中還要多呢。
感覺都是好像想得起來，卻又想不起來。
大概只認得3成？
順便說一下
我是8成。
學姊從以前記憶力就很好呢。
大概是記憶方式的差別吧？
記憶方式？
咀嚼
咀嚼

假設妳想背20個單字，
妳會如何背誦？
大吃特吃
總之就是把20個單字完全背起來。
※逼近
差別就在這裡。
我會大致先背200個單字。
咦？
假設有9成都忘了，那還記得多少單字？
二…二十個。
記得
忘記
不要過於相信自己的記憶力。
沒錯。

順便一提，那個沙拉，
蔬菜也很重要，所有種類我都拿了。
妳吃得完嗎？
我…我會努力吃的！
唔
要是很勉強，別拿不就好了？
總覺得不拿的話就划不來…
若不看清自己能吃下的分量，重要的燒肉就吃不下了！
要排出優先順序！不要每一樣都想吃！

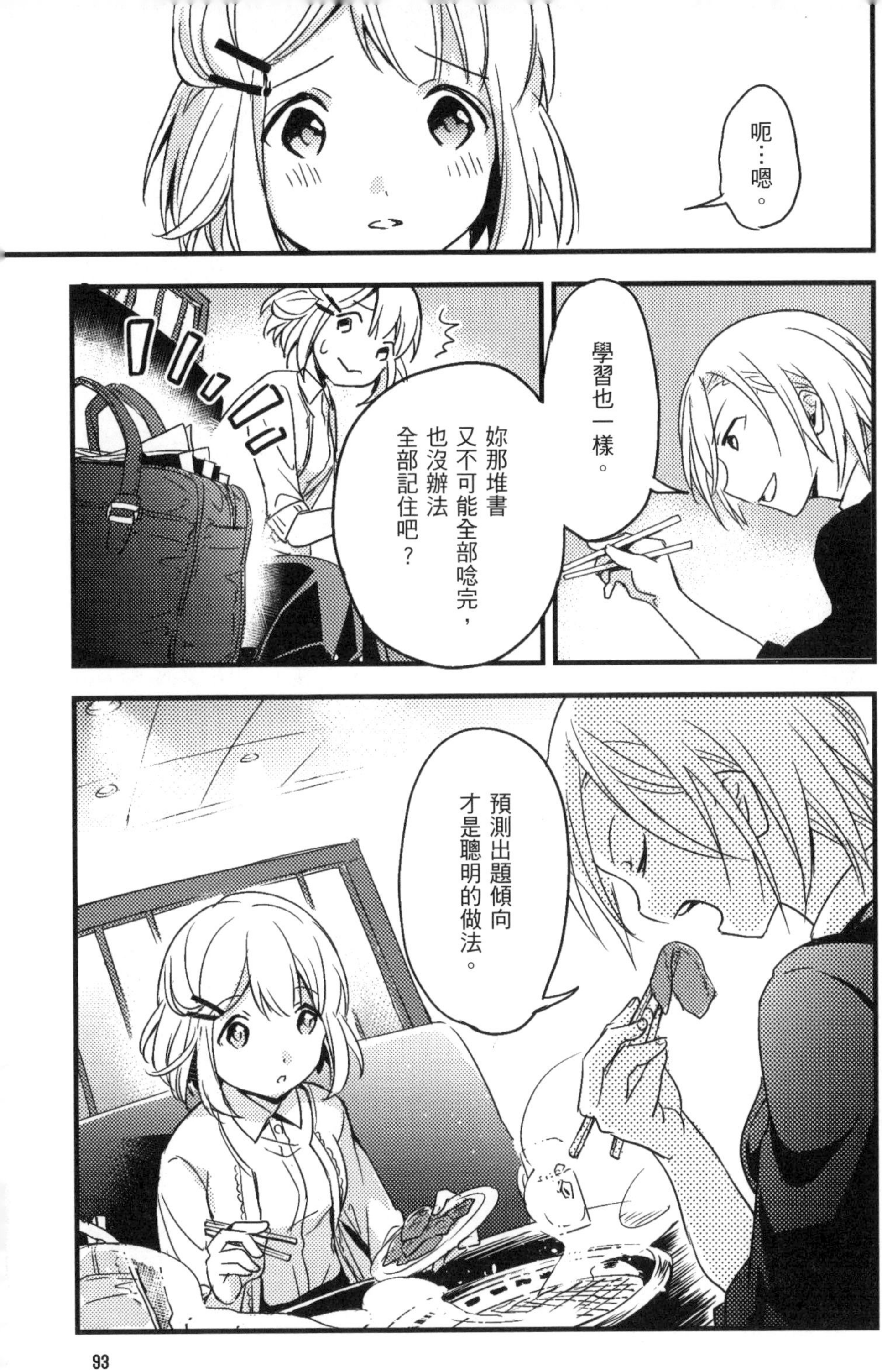
呃……嗯。
學習也一樣。
妳那堆書又不可能全部唸完，也沒辦法全部記住吧？
預測出題傾向才是聰明的做法。

唉……
放進包包裡的參考書全部被沒收了…
如果想拿回去，先把這2本全部背完再說。
參考書我先保管！
好重！
問題集
單字
不過就這麼些，背誦量也很少，應該很簡單吧？
反而很快就能唸完吧？
簡單簡單。
第一次考也能拿高分完全攻略指南單字1000
官方試題
31

完全沒有達成目標啊!!
為什麼~!?
雖然工作很忙，但是因為分量不多，原本以為休假再一口氣唸完就好…
這個月要結束了!?
本月目標！
文法
↓問題集做2輪
單字
↓背300個
※叮咚♪
ピロ～ン♪
我沒完成（つд｀）°。
擬定1個月單位的目標，可能有幾天會偷懶，所以最好把時間單位細分。
我忘記說了（笑）。
這種事要先說啊～
學姊!!

## ◯ 錄取的人 從考古題開始著手

## ✕ 落榜的人 從背誦內容開始著手

接下來為了通過考試，正打算從頭開始學習的人，**應該先做「考古題」**。

「都還沒開始學，根本沒辦法解題。」

有這種想法自是理所當然。不過，這也沒關係。視情況**一邊看答案一邊解題也可以**。因為這不是為了知道「現在能解開多少問題」，而是：

**為了瞭解問題中知識的深度與廣度。**

在還沒開始學習的階段，即使唸了考古題，大概也不曉得「問題在問什麼」。

就算在這種狀態下看了解答，也不會茅塞頓開：「原來如此，是這麼回事啊！」應該同時看問題與解答，思考「為什麼這個問題會導出這個答案？」

「看考古題卻不好好回答問題，直接看解答不是很奸詐嗎？」也許感覺像做了虧心事，不過這種精神上的潔癖毫無意義。一開始就算只是對照問題與解答，也能獲得許多收穫。

最重要的一點是，**得知實質上今後該做什麼。**

在第1章也說明過，針對某項知識是否知道「選項正確與否」；能否「按照時間排列出正確的順序」；能否「正確地寫出專有名詞」；針對提示的內容「在字數限制內正確地記述」，依照對於答案的要求，對知識的精熟程度也不一樣。

如果以最高難度來準備，用較淺的知識就足以回答的問題便都能答對。可是，這種**「大能兼小」的想法錯看了考試的本質，反而降低了合格的可能性。**

不管碰到什麼問題都能回答，具備這樣的知識面對考試或許很帥。可是，要達到這種境界得花多少歲月？你每天還得工作。你必須早日通過考試取得資格，然後跨出下一步。

在實踐的現場所需的知識，合格後再背也行。萬一準備考試過頭，之後或許會很辛苦，話說沒有合格的話也用不著這麼辛苦了。

想要合格，考卷上的問題都得答對。那麼，究竟會考哪些問題呢——？最接近的例子就是「考古題」。因為是出題者本人製作的真正試題，所以錯不了。先看考古題才是標準做法，也是最快的捷徑。

錄取的人

# 一邊預測出題傾向一邊背誦

落榜的人

## 連不會考的部分也背熟

對任何人來說背誦是一件痛苦的事。

不同於只須整天唸書的學生時代，出了社會可用來學習的時間很有限。

這種情況下，完全記住出題範圍的知識，為下次考試做準備，在現實中不可行。

那該怎麼做呢？

**只能預測出題傾向，背誦可能會出題的部分。**

說到「預測出題傾向」，或許有人會想成「不管三七二十一，走一步算一步」，

但是絕非如此。而是揣測出題者的意圖，

「希望考生不要漏掉這裡。」

從優先順序較高者逐一學習。問一些瑣碎知識的並非主要問題，配分也很少。乾脆放棄吧！

**考試落榜的人，將有可能出題的知識從頭到尾背下來。**

**考試錄取的人，懂得取捨選擇該背與不用背的知識。**

那麼，從何處能得知出題者的意圖呢？

大家應該都已經知道答案了。沒錯，就是「考古題」。

「曾經出過的問題，不會再考了吧？」

雖然常有人這麼說，不過沒這回事。**任何考試你只要回去做5～10年前的考古題，就會發覺一定有考出類似的問題。**而考出完全相同的問題也不罕見。

為什麼出題者明知會被考生猜到，卻每年還會出同樣的問題呢？這裡能想到2個合理的理由：

①因為這個問題是出題者的「得意之作」（自信之作）。

②因為希望合格者一定要具備這個知識。

雖然不至於每年都考，但有些問題常常考出來。做了幾年份的考古題，就能看出出題範圍中的「重要性」。

每年都出的知識是重要度A、數年出1次的知識是重要度B、只出過1次的知識是重要度C，可以像這樣劃分等級。

前面所說的都明白後，該做的事就很清楚了。

重要的問題／重要度A的知識要徹底記住，確實掌握。反之，不重要的問題／重要度C的知識就捨棄。這就是「預測出題傾向」。

在考古題多次出現的知識，所有考生的正答率會提高（若是達到合格程度的考生，一定會看考古題）。

**與其在資格考試掌握正答率低的問題，正答率高的問題確實得分才是合格的捷徑。**

附帶一提，有人會問：「下次考試要是出題者換人那該怎麼辦？」這點也不用擔心。因為出題者最怕不同年度的正答率或合格人數變化極端。**出題者換人更會依賴考古題**，這才是常規。

**考古題是出題者和考生唯一的交點。**假如你想問出題者：

「下次考試會考哪裡？要背到多熟才行？」

就徹底反覆地看考古題。答案正好就在考古題裡面。

錄取的人

# 一定會接受第1次模擬考

落榜的人

## 背熟之後才接受第2次模擬考

模擬考是可以猜與實戰類似問題的寶貴機會。

內行的專家（當然會先分析考古題）設計與正式考試類似的問題，和正式考試同樣在限制時間內讓考生解題。另外，也會判斷合格與否，還能客觀地得知自己現在處於哪種程度。

### 如果有模擬考就接受吧！

若是大學入學考試，考生從前一年3月正式開始唸書幾乎是常態。然而社會人士的資格考試，開始準備的時間或早或晚，因人而異。

如果在正式考試之前時間充裕，大多數人都還沒開始唸吧？教科書或背誦作業都還沒著手，就這樣接受模擬考，會有何種結果顯而易見。即使合格與否的結果出爐，也完全無法作為參考。

模擬考也不是免費的，還會耗費半天的寶貴假日。

「既然如此，把這半天用來開始學習會更有效吧？」

倒也不是不能理解跳過模擬考的人是怎樣的想法和心情。

## 喚醒幹勁的4個因素

然而，即便如此也應該接受模擬考。

我平時教導大家「喚醒幹勁的4個因素」。所謂的4個因素是「監視」、「競爭」、「認同」、「危機感」，而這種情況下「危機感」能讓你奮發向上。

準備不足就去接受模擬考，果不其然一敗塗地。周圍的考生也許考試準備得很順利，若無其事地振筆疾書。只有自己找各種理由遲遲不願開始唸書。因為還有時間而掉以輕心，突然間「只剩〇天」，感覺時日不多了。

「糟了，這樣下去不可能合格啊！」

模擬考結束走出考場的你，回到家會立刻打開教科書吧？從明天開始也會在口袋裡塞背誦內容的清單。這就是藉由「危機感」喚醒幹勁的效果。

這麼一來下一次模擬考，你就會唸過書再來挑戰。

**按照計畫繼續唸書接近合格的話（努力得到認同），這種「認同」的需求獲得滿足，就會進一步產生幹勁。**假如沒有按照計畫進行，更強烈的「危機感」就會踹你一腳。

如果第1次模擬考以準備不足為理由跳過的話，就會晚1～2個月上緊發條。也許第2次模擬考也會說「我還沒準備好」，結果又跳過。

為了掌控自己的幹勁，請有效地活用模擬考。

錄取的人

# 從最後衝刺階段開始背書

落榜的人

## 從正式考試1年前開始背書

「理解與背誦何者重要？」

我經常遇到這種提問。如果背誦是「記住知識」，那麼兩者同樣重要。沒有知識就無法理解，在尚未理解的階段只一味地灌輸知識也幾乎沒有幫助。

**理解與背誦具有相乘效應，並非二選一。**

話雖如此，如果按照學習階段（或者是正式考試前的剩餘時間）分辨這時該做哪一項，就會顯現差異。

一開始需要理解。這是大致俯瞰學習範圍，掌握每個科目的全貌。

具體而言，就是挑選最基礎的輕薄教科書，姑且不論看不看得懂，先從頭到尾直接看過一遍。

藉此，在正式考試前的剩餘時間自己該如何學習、哪邊是覺得困難的部分、哪邊該看哪邊該跳過、應該衝刺的重點等都能大致掌握。

唸完基礎的輕薄教科書之後，接著要仔細閱讀加深理解。

這時，你會碰到理解時不可缺少的知識，如果不知道就寫下來記住。之後，每次做考古題或接受模擬考時，不可缺少的知識都要寫下來記住。

到正式考試為止前3分之1的時間，以建立理解框架的學習為主，碰到的知識列出清單，每次都牢牢地記住。這時還不需要用到記憶書。

## 開始記憶作業的時機

建立一定程度的理解框架後，接著要充實內容，慢慢地轉移重點。在這個階段，單純地吸收知識比較有效率。這時才要開始正式的「記憶作業」。

前面**已經大略地學會「不可缺少的知識」，接下來的作業是記住「最好具備的知識」**。如果掌握訣竅，能記住的分量就會不斷增加，藉由相乘效應還能進一步加深理解。

但是，不斷灌輸新知識的作業，在距離正式考試剩下1／3時間的階段結束最為理想（這裡是最高峰）。所謂記憶作業是指，將知識裝進腦袋的「輸入」，和把腦子裡的知識取出的「輸出」，以這兩者為一組。「輸入」很費勁而且強度高，「輸出」的強度低，可是必須重複很多次，需要一些時間。

也就是說，即使在正式考試前灌輸新知識，能否運用自如也是個問題。既然如此，進入最後衝刺之後，專心地重複輸出練習，「將之前記住的知識順暢地取出」，這才是上策。

假如弄錯這個順序，最初從背誦開始會是如何？

缺乏理解的框架，就只能將知識一個一個死記硬背。許多相關知識無法結合形成故事，同樣的道理，回想時也很費力。雖然決不會白費工夫，但不可諱言效率很差。

不過，假如距離正式考試只剩幾週，理解與知識都不齊全，就只能死命硬背了。

雖然不知在正式考試能否運用這些知識，但是好過什麼也不做（為避免如此，還是確實擬定學習計畫吧）。

錄取的人
# 在隔天複習

落榜的人
## 全部唸完後才複習

所謂背誦就是「記住↓忘記↓回想」的不斷重複。

多次重複後，頭腦認知到「這個知識一直有需要」，便會擺在隨時拿得到的地方。這樣一來就不會忘記，甚至不用特別意識到便能回想起來。

**最厲害的是快要忘記時還能想起來。**

例如，有人順便介紹某人給你認識，只有匆匆交換名片，如果不是印象特別深刻，隔天大概已經忘了這個人。可是，當然並非完全忘了，你還記得打過招呼這件事，你設法提取記憶試圖回想。

「欸，他叫什麼名字？好像是『田』開頭的名字。田、田、田、田中、田村、田林、田所……啊，是田町先生！」

這樣回想起來後，接下來4～5天都還會記得。可是在那之後要是沒有交集，大概又會忘記名字。於是，3年後偶然重逢時，或許彼此以為素未謀面。

## 艾賓浩斯遺忘曲線

各位知道「艾賓浩斯遺忘曲線」嗎？

這是德國心理學家赫爾曼・艾賓浩斯（Hermann Ebbinghaus）調查「記憶與時間之關係」的實驗，縱軸為保持率（記得的機率）、橫軸為經過時間，依此製成曲線圖。

據此，如果人類的大腦沒有回想已經記住的知識，**「1小時後會遺忘56％、1天後為74％、1週後為77％、1個月後則會遺忘79％」**。曲線圖最初幾近垂直落下，1天後大致完全落下，之後畫出平緩逐漸減少的曲線。

這個實驗所使用的知識是，以【子音、母音、子音】構成無意義的音節（rit、pek、tas……等）。因為是看一眼並沒有深刻印象，也沒有回想的「頭緒」——音節排列，雖然「1天後遺忘74％」的數值令人絕望，不過大家努力背誦的知識並不會直接適用。

話雖如此，**從記住後突然開始遺忘，就此擱置不管隔天所剩不多**（隔天還記得的內容，之後的幾天大概也會記得）的遺忘曲線形狀本身，即使對照實際感受也能理解。

因此與其1天1次背誦1小時，不如分成3次各20分鐘，重複「記住↓回想」會比較好，**隔天快要忘記的大部分內容別置之不理，進行「拉上來」的作業**非常重要。

例如，我在準備大學入學考試和司法特考時，會把早上安靜的時間用於輸入的作業。那一天記住的知識，我會寫在紙上製作背誦清單，先記在腦子裡。

出門時我會把清單放進口袋，一有空就隨時回想。等電車的時間、工作的空檔、在廁所休息、咖啡時間……**3～4小時就有1次重看清單的機會**。

在1天幾次的空閒時間裡回想快要忘記的內容，就寢前（像我的情況在浴室裡是最佳時間）收尾然後睡覺。

接著隔天早上，**睡醒後第一件事就是複習昨天的清單**。因為已經重複數次「記住↓忘記↓回想」，所以強度較低，最適合當成讓頭腦清醒的準備體操。

此外，從遺忘曲線接近底部之處一口氣拉上來，能有效地防止埋在記憶的彼方。隔天複習正是背誦最重要的一步。

錄取的人

# 每天背200個但忘掉180個

落榜的人

## 每天確實背熟20個

即使每天背200個，要是隔天忘了180個，就只留下20個知識。就算貪多硬背，如果大半都流逝了，每天確實記住20個還比較合乎自己的個性——應該不少人有這種想法。

假如結果獲得的知識相同，沒有徒勞的部分，後者甚至感覺更有效率。然而，實際上背誦並非如此。

**因為「確實記住」只是一種妄想。**

若是理解，一旦懂了抓到感覺，下次就能確實答對。但是背誦，就算覺得「已經記住了！」隔天也會輕易地忘光。知識若不屢次重複「忘了再回想，然後忘了再回想」，就不會形成記憶。

「一步一步，踏實地前進。」

「一點一滴地累積的人很厲害。」

日本文化將這種價值觀視如珍寶，人們往往認為不要貪多，慢慢記住才會有回報。但是**唯有背誦，某種程度的貪得無厭，結果手邊留下的才會比較多。**

## 重複「大致記得」

例如，假設有一本單字集收錄語彙數為2000字。

1天「確實」記住20字，100天能背完1輪。但是，背第2輪時回到最初的20字，有一半以上都不記得，就正常情況而言，是很有可能的事。

這種情形用「艾賓浩斯遺忘曲線」也能說明。一旦記住的知識隨著時間經過會逐漸遺忘，經過100天時就很難把記憶拉上來。

「真奇怪……我應該記住了，為什麼快忘光了!?」

這樣一來，沒記住就會變成痛苦。「我果然不擅長背誦，反正今天的20個字也無法確實記住」，於是陷入負面思考。

**真正擅長背誦的人很少見，記不住是一般情況。**即便如此，把「認真刻苦」當成背誦動機的人，無法原諒做不到的自己，於是備感挫折。

另一方面，每天背200個字的做法又是如何？

先不管忘記的部分繼續進行，10天就會結束第1輪。這時回到第一頁，發現忘了180個字。這時繼續背已經遺忘的200個字，這次9天就能結束第2輪。第3輪是8天、第4輪7天、第5輪6天……像這樣，**背完1輪所需的天數會不斷縮短。**

雖然每次都是重背「忘記的單字」，不過每次都會看到同樣的單字，所以會覺得「這個單字又出現了」，**1天能背的分量也會快速增加。**

結果，每天背200個字忘記180個字（然後又重背200個字）的做法，會變成「記住↓忘記↓回想」的重複作業，所以形成記憶的知識會變多。

錄取的人

# 依出題機率背誦

落榜的人

## 依課程編排順序背誦

編纂用來記憶重要事項的參考書，有根據教科書的章節構成的書、也有分析考古題，依出題機率構成的書。

學生設想用來應付定期測驗的話就選前者，不過，

**若是為了通過資格考試，就應該選依出題機率構成的書。**

請回想一下高中時代的日本史／世界史。

日本史教科書會從「繩文時代」開始，世界史則是從「世界四大文明」（現在變

成六大文明）開始，最後網羅了「近現代史」，不過許多學校的授課時間不夠，不會講到「近現代史」。

然而，大學入學考試的出題比重幾乎以「近現代史」為主。也許社會科老師會反駁：「我教書不是為了大學入學考試」，不過假如你想考上志願學校，自己只能設法彌補失衡的課程。

## 掌握考試中「重要的部分」

法學院使用的法律教科書也同樣是從「憲法的歷史」開始。

「憲法乃制定國家統治體制基礎之法，1791年的法蘭西共和國憲法為最初的成文憲法。日本參考德意志的威瑪憲法，於1889年公布大日本帝國憲法……云云」。

有的人會仔細製作自製年表來背誦，不過**司法特考幾乎不會出這題**。

當然建立體系學習知識時，掌握「發展」也是必須的。正因如此，我建議**拿到教科書或課本後，先直接讀到最後，大致掌握在這門學科要學什麼、重點在哪些部分。**

教小孩子足球規則時，你會從比賽規則的第1條開始教嗎？

比賽規則第1條是「足球場的表面」，「比賽用的足球場必須全部使用天然的表面，或者依比賽規定認可，全部使用人工的表面」。

如果從這個部分開始教，孩子會立刻喪失幹勁，而且就算不知道規則也可以踢足球。比賽規則列出的順序，在理解這個領域時並非重要的順序。

那該從何教起？首先是用腳踢球、不能用手碰球、踢進對手的球門就能得分、別讓對方把球踢進我方的球門……等，先從重要的部分開始教吧！

準備考試也一樣，應該「先從重要的部分」著手。**所謂能讓你通過考試的「重要的部分」，正是「考試常考的部分」和「配分高的部分」**。

像多益就是「出題機率高的單字」；代書考試就是「行政法」、「民法」；宅地建物則是「宅建業法」、「民法」等。多做考古題，便會知道哪邊「常考」或「配分高」。

我經營的資格square提供一種服務，就是利用人工智慧優先考重要度高的問題，加以鍛鍊的「腦科學學習」問題練習系統。想要走捷徑，短時間內有效率地學習並且合格，利用這種東西也是1種手段。

錄取的人

# 徹底運用參考書

×

落榜的人

## 頻頻更換參考書

打高爾夫球沒辦法順利推桿，發揮不出水準時，更換球桿有時就能脫離險境。然而，因為唸書陷入低潮就更換之前使用的參考書，

**之前的努力都會白費，是十分愚蠢的行為。**

人的大腦擅長藉由印象與位置資訊來記憶。

「啊，參考書上有寫這個……應該是頁面右上角的圖。對了，我想起來了！也就是說，接下來這一題，就是後面那一頁的內容！」

像這樣，**藉著1個提示可以將快要埋沒的記憶拉上來。**想記住知識，如何附加「頭緒」正是關鍵，而參考書的設計與配置將是重要的提示。

**中途換掉進行一定程度的參考書，快要記住的知識便會重設，又得重頭再來一遍**，額外耗費勞力。

若是以同一資格考試為主題的參考書，說明的知識大致相同，不同之處大概就是文章的易讀程度和表達方式。因此，或許你想得很簡單：「換一本參考書轉換心情吧」，可是結果，你得承受超乎想像的壞處。

因此，為了避免自己中途產生想換參考書的奇怪念頭，從一開始就選好適合自己的參考書非常重要（如果開始使用的階段相當早，覺得「不合適」就可以更換）。

自己調查看看，**假如身邊的合格者都推薦同一本，那就錯不了。**資格考試中，比起只有你答對大多數人都不會的知識，大家都答對的知識只有你不會，你的損失會更大。

如果缺乏這種資訊，就去書店翻幾本書比較一下，可以用「喜歡它的配置」或「文字易讀」這些條件來挑選。乍看之下的印象絕非偶然，這表示作者與編者的製作別出心裁，「這樣讀者會更容易明白」、「這樣表達讀者就能理解」。

基本上無論選哪一本參考書，都絕對要掌握考試合格所不可缺少的知識。「用這本參考書沒辦法合格」這種有缺點的書，實際上書店也不會販售。相信自己的直覺，繼續使用一開始挑的參考書吧！

## 注意太過厚重的參考書

但是，挑選單字集等記憶書的時候，希望大家注意一點。就是收錄的語彙和知識「太多」的情形。

你在購買記憶書時充滿幹勁，覺得具備許多知識會更接近合格，所以容易挑選收錄數量較多的書。出版社也主打「收錄〇萬字！」、「網羅所有知識」來吸引人。

可是，必須記住那麼多語彙和知識的不是別人，而是你。假如灌輸了不需要的知識，這部分的時間與勞力就是白費。

如果徹底分析考古題，就能鎖定必要的知識。也能掌握出題傾向。話雖如此，你還有其他該做的事，就算做考古題看到「不用背的知識」，也需要斷然捨棄的勇氣。購買記憶書的用意，不就是為了這一點嗎？

不縮小出題範圍的語彙和知識，把內容塞得滿滿的書拿來賣，就等於作者與出版社做事不專業。之後考出這幾題，就只想宣傳：「看吧！本書的知識在考試出了這麼多題。」（一開始就收錄這麼多，當然結果如此）

請想成單字集與記憶書的**收錄語彙和知識範圍愈小，就愈有挑選的價值。**

## 錄取的人
# 用故事記憶
## ╳
## 落榜的人
# 死記知識

鐵道迷之中有些人被稱為「筋鐵」。

他們是鐵路時刻表的愛好者，可以流利地說出「某班列車會在幾點幾分到達哪一站，可以換乘該站發車的哪一班列車」。他們抄寫列車的出發和到達時刻，並非辛苦地背誦。

**因為喜歡，才會自然地記住。**

也許他們在腦中想像著，到了某個時刻發車鈴聲響起，列車開始發動的情景。**在**

**這種想像之中，時刻並非只是數字。**是構成故事時不可缺少的細節之一。

觀看大河劇，對那個時代的歷史就會非常熟悉。

２０１８年播映的《西鄉殿》，西鄉與島津久光反目前的來龍去脈，和被流放到奄美大島與愛加那結婚的逸聞等，應該有不少人以前都不曉得。

而今年有許多人，包含人物關係與相關知識都能侃侃而談。並非強迫灌輸知識，而是**借助影像的力量記住故事，加深理解。**就算在「日本史用語集」上面畫記號硬背知識也辦不到。

**背誦之所以痛苦，是因為在加深理解前先增加知識。**若是能理解就能心領神會，可是現在卻讓腦袋打結。

**如果想通過資格考試，就要喜歡上這個資格。**這樣說很容易，可是心裡也明白不會那麼順利。既然如此，至少「很難背的內容就用故事理解」吧！這樣能減輕背誦的痛苦，準備考試會變得輕鬆一點。

## 我在司法特考實踐的背誦祕訣

**我在準備司法特考時，會盡量閱讀判例。**

法律條文為了能對應各種事例，刪除修飾，以非常冷漠的文體寫成。完全沒有引起讀者興趣的地方。

可是判例是，實際發生的事實如何適用法律的具體例子，所以能夠藉由故事來理解。

例如「刑法第36條」（正當防衛）「1、面對急迫不當之侵害，為防衛自己或他人權利，不得已做出的行為，不予處罰。2、超出防衛程度之行為，依實際情況減輕，或得以免除其刑。」要理解這一條，可以閱讀「誤解騎士道案件」的判例。雖然條文很冰冷，不過找判例來看一下子就能理解記住。

附帶一提這起案件是，空手道三段的英國人被告在半夜回家途中，看到打情罵俏的一對男女，誤以為「女性被動粗」，於是使出迴旋踢命中男性顏面，將他殺害的案件。

被告打算出手救女性，絲毫沒半點殺意，然而空手道有段者的迴旋踢如果命中對方，自己應該明白會有什麼結果……這是是否適用正當防衛的審判判例（想知道結論的人請自行查閱）。

像法律條文這種難以理解的知識，接觸實際適用的判例，理解整個故事，就能順利地記住。話雖如此，**如果足以通過考試的知識都用這個方法記住，有再多時間都不夠。**

為了有效率地記住知識，不能否定必須依靠死記硬背。**對於實在無法理解的部分，可以用這個方法當作背誦的最後手段。**

錄取的人

# 以分鐘為單位決定記憶量

落榜的人

## 以月為單位決定記憶量

正式考試的日期已經決定了。在那天之前應具備的知識量也是固定的（考古題和課本就是標準）。也就是說，你從今天開始到考試日為止的天數，該有的知識都必須記住且運用自如。

你可能覺得時日不多。也會覺得知識量太多。不過，

**要是來不及，就考不上。**

那麼，該從哪裡開始著手呢？

「總之先唸！不顧一切地唸吧！盡全力衝刺！」

這不是大人的做法。這樣在到達3／10之前就會筋疲力竭，或者一開始非常精讀，最後卻唸得很隨便，對知識的理解深淺不一，形成歪斜的知識體系。

## 不用時間表，而是「進度表」

首先，要冷靜地**製作學習計畫表**。

備妥考試日之前能看完的考古題、教科書和記憶書。只要縮小記憶量，這樣就能減輕負擔。若是厚重的教科書或記憶書，只能看完1～2輪；如果比較輕薄，或許可以看完4～5輪。

尤其在有限的時間內，**與其廣泛淺薄地接觸出題範圍，集中深入地確實掌握接近核心之處，合格的可能性才會提高**。

所有該做的事如果用剩下幾個月來分配，就會知道每個月該進行多少。假如知道1個月該進行多少，也會知道每週的分量。然後在每週日晚上，酌量這一週工作的安排方式，並且分配一週七天該做哪些事及多少分量。

此外每天早上一邊確認當天的預定，在通勤途中背○個、在午休時間練習○個問題、下班回家順路去圖書館做1年份的考古題、晚餐後看完教科書○頁和問題集○頁……像這樣以時間單位或分鐘單位執行。

用時間或分鐘劃分段落的目的是，**為了意識到日期，催促自己「不趕快做就做不完！」**如果說「在今天之內做完即可」，結果大多會變成晚上才做；要是「這個禮拜做完即可」，通常會拖到六日才開始唸書。這樣等於在最後1週才做暑假作業的小學生。

假如沒有在規定時間內完成，就必須在其他時間補回來。通勤途中沒背完規定的分量，午餐就得趕緊吃完抽出時間，用剩餘時間補回進度。如果在圖書館閉館時間之前沒有把考古題解完，就搭計程車回家，在晚飯前解完。教科書或問題集要是沒看完，就延後就寢時間，把進度看完。

重點**不是「從幾點唸到幾點」這樣的「時間表」，而是安排「教科書看○頁」、**

## 「背○個知識」這樣的「進度表」。

若是時間表，不管有沒有記到腦子裡，「有唸書」的事實就會變成成果。「昨天很累所以記不住，不過我唸到半夜1點才睡覺」，如此自我滿足便結束，最後就會變成「我盡力了，結果還是不行」。

無論是熬夜唸書或消磨假日，留下結果才有價值。如果安排「進度表」，就只有「做完／沒做完」，沒做完就沒有找藉口的餘地。

人對於迫在眉睫的危機會拼死一戰，如果距離太遙遠就會毫無根據地認為「總會有辦法的」，於是裝作視若無睹繼續拖延。假如沒有把自己徹底逼到無法找藉口的狀況，就無法發揮拚死拚活的認真精神。

○錄取的人

# 輸入1，輸出3

×落榜的人

## 輸入3，輸出1

「背誦」知識是怎麼一回事？

不用看就能說出寫在紙上的內容便是「記住」，可是過了不久就會遺忘。這時追尋記憶，在偶然的機會下有時能回想起來。換言之，**記住的知識確實「輸入」腦中。**

然而，如果想起1個知識得花幾分鐘時間，考試時間轉眼間就過去了。如果通過考試是目的，**能瞬間取出知識的「輸出」要是做不到，背誦就沒有意義。**

**所謂能通過考試的背誦，是輸入與輸出搭配為一組。**

話說，輸入與輸出分別需要訓練。這裡的主題是，應該把時間和勞力用在何者。考試時具備許多知識比較有利，所以會想在輸入花更多時間與勞力。可是，不管在腦中塞進多少知識，若是不能立即輸出就沒有用。

例如，司法特考光是基本的法律就有7個科目，解答方式從簡答題到申論題也是種類繁多。因為學習範圍廣，所有論點都完全理解，事實上是不可能的事。

為了挑戰不可能，持續過度傾向於輸入的學習，在實際考試就做不到「正確地表達知識」、「在時間內解完」這些理所當然的事。**為了通過考試而記住的知識，如果不能在關鍵的正式考試中運用，那就等同於垃圾。**

輸入是在沒有任何東西的地方重新寫入的作業，所以相當需要集中力，不過一旦記住就結束。

相對地，儘管輸出的學習負擔較輕，但在完成之前卻必須多次重複。即使一旦完成，定期檢查與維護也不可少。**比起輸入，輸出在成功之前會花費更多時間。**

輸入的內容能夠毫無遺漏地輸出，就是最有效的學習。為此**最合適的比例為「輸**

入1：輸出3」。

與自己的經驗對照，我覺得「輸入1：輸出3」在考試前的期間是平均數值。例如剛開始唸書時，因為建立理解框架的核心知識不足，大概會是「輸入1：輸出2」。

反之，考試前已經不會記住新知識，可以是「輸入0：輸出10」的比例。可以的話，到學習期間的2／3，最遲1個月前結束輸入，接下來專心鍛鍊輸出最為理想。

所謂考試是測試輸出能力的場合，「請證明你具備合格所需的知識」，愈接近正式考試，當然愈要增加輸出的比例。

第3章

# 習慣記憶的方法

ミ
啊
櫻子學姊！
陽菜。妳在這裡做什麼？
來約我喝酒嗎？我還在工作喔。
我也還在工作呀。
我是來這間公司送文件的～
喔
辛苦了。
※翻閱
パラ
嗚哇！
這是什麼？畫滿了記號。
這樣搞不懂哪邊才重要啊。
話說…
パラ
※啪！
べしっ
幹嘛拿給我看？
我還自己吐槽！

？
那是妳製作的文件？
是啊。
這麼說來，妳從以前就是筆記抄得很仔細的人呢…
這樣抄之後唸書時比較容易懂啊。
唉
倒不如說不善於背誦的人常有這種行為呢。
在參考書上亂畫記號，
堅持把筆記抄得很整齊，
後來發現抄在別人的參考書上，於是下跪道歉，
自信滿滿地拿筆記給教授看，結果錯字漏字被改一堆，
那是我個人的糗事吧!!
跟背誦有關係嗎!?

重點在於寫下的內容要牢牢地記住。
要是我會重看一遍，多背幾個單字。
總之，仔細抄筆記只是浪費時間。
文字可以潦草一點。
我看不懂。
自己看得懂就好啦。
如果只寫出自己不記得的單字會很有效，
假如隨身攜帶，不管何時何地都能反覆地看。
像通勤時正好也能背。

記住後把那張紙丟掉即可。
出社會工作後能確保的學習時間有限，
不夠的部分就有效率地利用移動時間。
我在通勤時想看參考書，可是沒辦法。
對不起！
!?
我坐過頭了！
妳一專心就會顧不了身邊的情況，所以不容易吧？
之前我邊看書邊走路，結果差點和自行車相撞…
為了避免撞車我靠邊走，結果掉進水溝。
那是妳注意力不足。

就算通勤時沒辦法，平常生活中有很多零碎的時間。
像中午休息或泡澡的時候。
說的也是……
像妳的情況，反正只會在有完整時間的時候才唸書。
要從平常生活中找出一點能利用的時間並有效活用！
要是不這麼做，唸書就不會有進展。

喔
電梯總算來了。
感覺現在就連不擅長的背誦也能開心地背。
學姊，真的很謝謝妳。
認真
在文件送到前我也要抓緊時間學習！
別這樣。
很失禮耶

錄取的人

# 習慣記憶

落榜的人

## 按照需要才開始記

從男性角度來看，每天早上上班前都得化妝的女性實在很「辛苦」。可是有一天，男性問了女性這個問題，她卻回答：「不會啊。早上簡單弄一下就好了。」這位女性也許國高中時素顏去上學，大學時或出社會以後才開始「外出時會化妝」。一開始可能覺得很麻煩，

可是**習慣後，就不覺得麻煩了。**

背誦也一樣。

大家現在面對著相當厚重的記憶書與用語集，或許會有點恐慌，「這些都得背完啊……」

於是，在下決心的同時咽了一口口水，並做好心理準備：「我要完成！」

然而，**如果養成習慣，就不需要決心與心理準備**。尤其回想曾經記住的知識（把快要忘記的知識拉上來）的輸出作業更是如此。

相反地，假如每次面對時都需要鼓起幹勁：「好～接下來要確認背誦成果！」在很累的時候可能就會想休息。如果能轉換心情，像嚼口香糖一般輕鬆，一下子拿清單出來背，那就是真本事。

但是，**在行動養成習慣之前需要數週時間，這段期間無論發生何事都不能中斷**。

## 讓「努力」可視化

此外也必須持續觸發動機。H君是從普通縣立高中應屆考上東大的學生，我曾經請他揭露「持續學習的祕訣」。

那是通訊教育的附錄「暑假學習時間記錄表」，只是1張平凡無奇，以富士山的插圖為背景的方格紙。每學習1小時就塗滿1個方格。

這樣一點一滴地塗滿方格，**「努力」便能可視化，**

**「好不容易做到這裡了，就繼續吧！」**

**「還差一點就能把所有方格塗滿，繼續做吧！」**

於是就會變成持續的動機。一轉眼暑假結束時，學習已經完全養成習慣。

因為背誦沒辦法計算「時間」，**輸入與輸出一組完成時，可以在日曆上做記號。**

每天排成一排的記號，如果有某一天空著，就會覺得不愉快，並且難以忍受。

不過，我在準備考試停滯不前，實在唸不下去時，我會刻意完全不唸書，泡在遊樂場裡下猛藥。

原本必須唸書這回事，自己是最清楚不過了。競爭對手在這時也拚命唸書的情景，會在腦海中浮現。

明明覺得「唸書好累，我想休息」，真的順從慾望行動後，「不做平時該做的事」，就會覺得心裡不舒服。

「我在做什麼啊!?我該唸書……我要唸書……我想唸書!!」

結果幹勁就會完全恢復。

不過，**這是學習已經完全養成習慣後的技巧**。如果在不完全的階段這麼做，將暗藏無法回去唸書的危險。另外這就像是興奮劑，**多次使用習慣刺激後，效力就會逐漸減弱**。

養成學習習慣後，在正式考試前這招可以用1次，頂多2次——當成最後手段，保留到最緊要關頭再使出吧！

錄取的人

# 從課本摘錄寫在筆記本上

落榜的人

## 在課本上用馬克筆拚命劃線

早晨或傍晚的電車內，可以看到學生翻著用了相當久的單字集，拚命地背誦。**仔細一看，書上用各種顏色的螢光筆，到處劃滿了線。**雖然籠罩著「努力的氣場」，可是，

**課本上劃愈多線，愈背不起來。**

理由很簡單。用馬克筆劃線的部分，是為了比其他地方更顯眼，更容易留下印象。如果劃滿了線，那就本末倒置了。因為就算劃了線，還是跟其他部分一樣不顯眼。

因為準備考試的時間有限，一開始必須縮小範圍，記住絕不能漏掉的核心知識。**處處劃線就證明了沒有鎖定應記的知識。**

課本看完1輪，掌握了必不可缺的知識後，第2輪以後要背十分必要的知識，這時在第1輪判斷為必不可缺的知識已經在課本上劃了線。劃線之處在第2輪也很顯眼，不過**已經記住的內容，就算顯眼也毫無意義。**

即使這時追加了新的線條，外觀的吸引力減低在所難免。第3輪、第4輪……重複愈多次，只有已經記住的知識愈顯眼，新知識沒有引人注目的餘地。

專業術語用粉紅色、年月日用藍色、數字用橘色、人物名用黃色……有的人劃線會分得很清楚，卻完全忘了原本的目的，把課本劃得色彩繽紛反倒變成了目的。

## 錄取的人「不會胡亂劃線」

另一方面，**通過考試的人不會胡亂劃線**。課本上列出了考試範圍的知識，但並非全都是你必須背的知識，排列順序也不能讓你有效率地記住。

這麼一想，在日常中帶著課本也不再重要。把當天要背的知識寫在1張紙上帶出門比較合理，背完後那張紙的任務便結束。可以揉成一團然後丟掉。

假如有的知識幾天後忘了呢？用不著擔心。這次把「這幾天背過，卻忘掉的知識」集中寫在一張紙上即可。

寫下來時還照著課本上的順序就太不機靈了。**第2輪以後要自己「重新整理」再寫下來背誦。**

例如若是英文單字，收集相同「接頭語」（像是開頭加上un就有「否定」的意思；加上re就有「重複」的意思；開頭加上pre的字，就會包含「在~之前」的意思）的單字製作清單，語彙數就會有驚人的成長。

**哪個知識以哪種順序如何記住，可以由你自行決定。**這時就別依賴課本。

錄取的人

# 書寫文字的粗細大小不一

落榜的人

## 字跡工整

雖說要把該背的內容「寫」在紙張或筆記本上隨身攜帶，不過這時會有人用宛如鉛字排成的美麗字跡製作清單。我害怕得不敢問對方，製作這張清單究竟花了多久時間？也無法開口說：「背完就丟掉吧！」

可是，我個人的意見是：

**筆記或備忘錄的字跡愈潦草愈好。**

看到字跡工整的背誦筆記，不好意思，我會老實地說：「把製作筆記的時間用在其他事情上會更有意義。」

不過，確實有根據顯示字跡潦草比較好。

首先，**與其仔細地寫，隨便亂寫速度比較快。**背誦筆記並非要提交給誰，方便的話寫在傳單背面也行。

背誦的第一步是，不用看清單上的知識就能說出來。做得到就能判斷已經「記住了」，所以即使手裡拿著紙張或筆記也盡量不要看。既然如此，就更沒有理由仔細地書寫。

另1個理由是，書寫文字的粗細大小不一，本身就是把知識拉上來的「頭緒」。

「這是左下角字比較小的內容。」

「這是正中間隨便寫成大字的部分。」

這種外觀上的差異會變成回想的提示。

當然，如果老是說「沒有寫在紙上，我想不起來」，那就毫無意義。然而，**一張**

**紙的使用期限僅限當天**。假如那天記不住，得留到下次再背時，再隨便寫在另一張紙上，所以不用擔心。

## 「復誦」的性價比很高

接著是，仔細書寫和隨便亂寫的人身上都會看到的模式，就是有的人會反覆地寫同一個知識幾十、幾百遍。

的確比起只用眼睛看，動手能給予大腦多方面的刺激，所以容易回想，這個道理我也懂。不過，全部的知識有必要都用這個方法記住嗎？

把知識**寫1遍的時間，可以開口復誦4～5次**。如果發出聲音，資訊也會從耳朵輸入，能同時利用視覺與聽覺，肯定會刺激大腦的各個部位。

「這時也動手寫，會更有效果吧？」

我明白你的意思，但讓我們思考一下性價比。光是反覆唸誦也能充分記住，卻因為想要成就感，你會不會規定自己「寫上幾百遍」？若是如此，你果然迷失了目的。

寫得很整齊的筆記或相同知識寫了幾百遍的紙堆，並不是考試的評分對象。有沒有記住、記得多或記得少——決定合格與否只看這兩點。

錄取的人

# 獨自背誦

× 落榜的人

## 和朋友彼此出問題考對方

在學生時代的定期測驗前，你會和朋友一起背考試範圍的知識，或是彼此出問題考對方嗎？其實閒聊的時間很長，可是卻有「我們在準備考試」的正當理由，也有彼此競爭的要素，所以氣氛相當熱烈。

**然而實際上，這不是有效的學習方式。**

假如考已經記住的知識，答題的時間就等於白白浪費掉。是否有記住，自己唸書時只要看一眼清單就會知道。雖然不記得的知識得重新記憶，不過這不是和別人一起唸書才能做到的事。

**讓別人出問題，模擬考或正式考試就夠了。**就算有朋友報考同一場資格考試，不要彼此出問題會比較好。就像開頭的漫畫，偶爾一起考模擬考倒是可以，但這終究不是學習，當成維持幹勁轉換心情吧！

## 藉由「說明」形成記憶

但是，無法順利記住的知識，有個可以利用別人記住的方法。那就是隨便找個對象，由你說明要記的知識。

看著課本或筆記也沒關係，**想要簡單明瞭地傳達給對方，拚命地「絞盡腦汁」，雜亂的知識就會整理得有條有理。**如果直接發表自己也不太懂的知識，對方只會愈聽愈糊塗。

「這個部分我聽不懂。」

這種真實的反應，其實原因出在連自己也不懂。

最近，某家招收高中國中國小學生的補習班，讓學生用自己的話說明學習內容，補習班將這種做法當成「成績提升的技巧」，透過廣告大肆宣傳，而這個學習方法十分合理。

話雖如此，身為社會人士的你，那麼廣的考試範圍都用這個方法記憶的話，有再多時間都不夠，而且也沒有人能一直陪你，當你的聽眾。這是在最緊要關頭使用的「祕招」。

如果要鎖定背誦範圍，還有一個更簡單的方法。

即使多次寫在「本日清單」上也背不起來的知識，可以向報考同一場考試的同事或有報考經驗的前輩詢問：

「○○○是什麼意思？」

「○○○的必要條件是如此這般嗎？」

以提問的形式提出問題。

不管對方正確回答或支吾其詞都沒關係。因為正確答案都在課本裡，原本也不必特地問人。

那為何還要刻意問別人呢？那是因為那個知識藉由「那天在那裡問了某人」的「經驗」記憶（專業術語叫做「情節記憶」），可以附加上許多回想的「頭緒」。

雖然對不起幫助你記憶的人，不過這也是為了通過考試。報恩等合格後再說，暫且先利用別人吧！

〇 錄取的人

# 不上課，以1．5倍速聽課

✕ 落榜的人

## 一邊上課一邊拚命地記住

為了取得資格，有的人會去補習班上課。

「工作很忙，很難確保唸書時間，不過我絕不會停止上課。」

「在家裡沒辦法唸書，至少要專心聽課記住內容。」

我常聽到這樣的意見。

何時自修畢竟是自己斟酌，所以工作太忙往往會擱著。相對地，補習班的上課時間固定，所以會是學習的帶跑者。但是，

**聽課的時間不能包含在唸書時間內。**

**出席聽課的時間，只不過是「聽人說話的時間」。**

即使說明了解題技巧，想要運用自如就必須自己練習。

此外，即使舉出應該記住的知識（這也出現在課本或用語集裡面），也不是在上課時背誦。

換句話說，**上課後如果不自修就幾乎沒有意義，光是聽課不能覺得已經唸完了。**

其實資格考試的課程，有很多人中途就不上了。

例如最熱門的司法特考課程，**大約1個月後會有一半的人不見，最後繼續出席的人大約只有2成**（這2成的人並不會錄取）。

如果詢問為何那些人不去上課，過半的人會說「因為搞不懂內容，變得很麻煩」。因為工作缺席變得跟不上進度，而且若不事先看課本預習，就無法理解那些內容。

補習班不會顧慮沒來上課的人。因為先收了學費，所以沒理由注意學生狀況到這種程度。那麼「多虧了補習班讓我金榜題名！」、「學生合格率○％」的經驗談是怎麼回事？那是補習班從一開始就找會合格的人，以學費免費或減免請他們註冊，然後造假的數字。

## 上課形式的優缺點

就算預習後去上課，有時也很浪費時間。

所謂的口語，有很多「啊～」或「欸～」等感嘆詞，並且為了讓人理解，說話也要留白，和默讀同樣的內容相比得花好幾倍的時間（如果是常常離題的「快樂課程」，會更花時間）。

既然如此別去上課，取得錄音檔，然後以1．5倍速聽課會更有效率。

話說，**每次都會確實預習的人，不需要出席聽課**。因為如果有不懂的地方就查參考書，記住解題方法再做考古題就行了。

「那就沒必要報名補習班了吧？」

話雖如此，正式會計師或稅理士的參考書很少有市售的版本，得依賴大型補習班製作的教科書。出版大家都買得到的參考書，大家都在家自習就無利可圖了，這點很好懂吧？

然而，那也只是如何使用教科書的問題，去聽課或上補習班本身並不具有價值。

所謂的「上補習班可以獲得自修得不到的特別技巧，因此能合格」，是完全習慣被動學習風格的人的思考。

錄取的人

# 就寢時看背誦清單

落榜的人

## 看手機看到睡著

60年代～70年代「睡眠學習機」大為流行。這是在枕頭裡裝了喇叭，接上「收錄音機」來使用。它標榜**一邊播放聲音一邊睡覺，隔天早上起床時就會完全記住內容。**

在那之前是「三中四落」（每晚只睡3小時的學習者會合格，可是睡4小時的人會落榜）這種靠毅力學習的時代，睡愈久增加愈多知識的枕頭大為流行，它的反動也很大。

在雜誌郵購創下傳說的銷售佳績，可是不久就消失得無影無蹤。理由自不待言。

不過，

**著眼於睡眠與記憶的關係，這個概念並不壞。**

人的記憶大概是如下的機制。

剛記住的知識，會先放在大腦的表層。白天新資訊會接二連三地進來，如果不定下整理的時間，就會沒辦法再收集。

睡眠就是整理資訊的時間。這時，就寢時記下的記憶（之後不做任何事）尚未和其他資訊混在一起，所以整理起來比較順利。

此外隔天早上，剛起床就先把昨夜的記憶「拉上來」（＝回想），記憶就會被重新放在已經整理乾淨的大腦表層上。整理整齊的記憶不容易被各種資訊埋沒，所以容易成形。

完全睡著時，大腦忙著整理記憶，所以沒辦法輸入新知識（因此睡眠學習不會發揮作用），不過**睡覺前或睡醒後可以非常有效地背誦**。這個時間在腦科學叫做「記憶的黃金時間」。

建議大家把就寢時和睡醒時要看的背誦清單或筆記放在枕邊。

## 想睡就「睡」，不要勉強

但是，**因為工作與唸書累得精疲力盡，很想趕快撲到床上時，就直接去睡覺吧！**

這時，你的大腦覺得「今天已經不行了。讓我休息吧！」完全準備進入呼呼大睡模式。就算你強迫自己趕走睡意，想趁著黃金時間努力背誦，這樣**不但不會提高效率，反而會使大腦異常興奮，降低之後的睡眠品質。**

我在就寢前的入浴時間可以專心，所以習慣在浴缸裡背完當天的背誦內容。洗完澡後內部體溫會開始急速下降變得想睡，就算把背誦筆記拿到床上，通常只會直接睡著（但是，睡醒後我會進行確認作業）。

抵抗睡意是沒辦法唸書的。

另一方面，考試落榜的人會看手機看到睡著。

全神貫注準備考試時，總之沒有時間。因為有3分鐘就能背東西，沒辦法像之前那樣滑手機「打發時間」。

原本手機遊戲就是製作成會讓人上癮想要一直玩，正因社群網站有對象（同伴），你不知不覺就想要看一下。看了之後你大概會按「讚」，也會想要留言。你一直瀏覽動態消息，注意到時已經睡著了……這是很常見的模式。

在最近的研究中已經揭曉，手機發出的藍光會刺激視神經，打亂晝夜節律（生理時鐘），降低睡眠品質。

在考上之前，只能禁用社群網站了。

錄取的人
# 在清晨記憶

落榜的人
# 在深夜記憶

背誦是記住新知識的「輸入」，和將記住的知識取出的「輸出」，以這兩者為一組。

**輸出是強度低的作業，隨時隨地都能做**，在擁擠的街上或通勤電車內，其他學習會無法集中的情境也能著手輸出。在引擎發動前的暖車時間、活用空閒時間、在學習的空檔轉換心情都很合適。另一方面，

**輸入是強度高的作業，非常需要集中力。**

不可能隨時隨地都能做。

像我的情況，**記住新知識的作業會利用清晨安靜的時間**。

雖說是清晨，若是剛起床，頭腦還不清醒就沒辦法記憶。先把前一天的輸出（就寢時確認過的內容）大略做一遍當作暖身，吃點餅乾喝杯咖啡稍微填飽肚子，然後在頭腦最清楚的狀態下開始背誦。

按照每個人的習慣，有的人要慢跑出點汗才會打開學習開關，有的人要用熱水淋浴才會進入最佳狀態。或是喝蛋白質飲品才會進入背誦模式，早餐吃很多太悠哉不好等等，**透過試誤學習弄清楚按照何種程序，才能在最短時間內讓頭腦完全運轉吧！**

就算是心理作用也無妨。如果知道感覺最好的行動模式，就要**當成例行公事每天早上一定要執行**（因此順利時，不用嘗試其他方法）。

如此一來，考試當天的早上只要像平時那樣執行，就不會過度緊張或擔心，可以順利地進入集中模式。

## 找到自己的「集中模式」

我是晨型人，因此以「清晨」輸入為前提討論，不過出社會後藉由體力設定，會變成晨型人或夜型人。**可以專心的時間或環境因人而異。**

有的人早上得花不少時間頭腦才會運轉，也有人要是周遭太安靜，過於在意反而無法專心。**假如上班前在咖啡店唸書最有效果，或是在播放《驪歌》即將閉館的圖書館裡能專心唸書的話，當然這樣做也沒關係。**

以前我採訪許多東大合格者時，有人說「在家裡客廳唸書最能專心」。而且是晚飯前最吵鬧的時間會更好。

雖然這是相當罕見的例子，不過知道有人看著自己而提高集中力，確實是有這回事（提高動機的4個因素之一「監視」的作用）。

重點是新知識能否順利地記住——僅此而已。

但是，「深夜大家都入睡後，夜深人靜時最能靜下心」的人，最好思考一下真的該把這個時間用來輸入嗎？

**雖然深夜唸書進展順利的人很多，可是活動一天後的大腦，即使自己感覺不到也處於最疲勞的狀態。**儘管強度低的輸出或反覆做過的考古題（將記住的知識按照問題輸出的作業）能夠完成，卻完全不是適合輸入新知識的狀態。

由於工作或生活類型，有的人在深夜最能專注，但也必須**從正式考試1個月前慢慢地習慣晨型生活，當天考試開始時刻（大部分的資格考試是在早上9～10點開始）才能調整成最佳狀態。**

## ○錄取的人
# 以1天20分鐘×3次背誦

## ×落榜的人
## 以1天1小時×1次背誦

人的集中力有極限。集中力能持續多久主要是看個人，根據年齡也有差異。

雖然畢竟是經驗法則，不過，

**以「記住知識」來說，我覺得20分鐘就是極限。**

小學的上課時間以45分鐘為1個單位，國中與高中是50分鐘，大學則延長至90分鐘。雖然聽說「那是每個年齡層的集中力平均持續時間」，可是不曉得這是何時、由誰、根據哪些資料計算出來的。試著回想一下從小學到大學的上課情景，交頭接耳或哈欠連連的學生可不少，因此那種說法的根據十分薄弱。

**在國際會議等同步口譯的業界，一名口譯員能連續工作的時間「頂多15分鐘」。**因此大多數情況是，以2名為1組輪番上陣。

在絕不能出錯的壓力下，不能漏聽對方的談話內容，幾乎在輸入的同時也要輸出，這種專家的集中力持續時間為15分鐘。

**記憶作業需要的集中力，和這種情形十分接近。**先大概記住20～50個知識，直到能背出來就是你的作業。同時，雖然不像口譯一樣有「絕不能出錯」的沉重壓力，但你可以自己立誓「在時間內記住／時間結束就終止」，增添緊張感來記住——差不多20分鐘就是極限。

## 一次能輸入的分量有極限？

**20分鐘勉強能記住30個知識的人，如果花3倍的時間（＝1小時）就能背90個知**

**識嗎？事實上沒這麼簡單。**

種盆栽就算一次澆很多水，超過一定以上也只會溢出來。可是等盆栽吸水後，分成幾次澆水，即使相同水量也不會溢出來。

知識和澆水也很類似。依我的經驗法則，一次能吸收的分量，某種程度上是固定的。雖然藉由訓練可以增加，不過現在多少才是適當的分量，只有當事人才知道。而且也得看當天的狀況和幹勁，嚴格地說也許當事人也不曉得。

明明可以背，卻自己設下極限也太可惜了，話雖如此，過度地灌輸知識也毫無意義。**「每次都會剩下1～2個沒背完」，就是剛剛好的分量。**

每天都挑戰自己的極限吧！

如果1天要用1小時來背誦，就分成早、中、晚合計3次各20分鐘吧（但是，在空閒時間拿出背誦清單，確認是否牢牢記住的作業不計算時間）。

**假如能確保整段的學習時間，用在寫考古題等其他學習會更有效。**雖然背誦的輸入無法持續1小時，不過要是專心做考古題，轉眼間時間就過去了。

能否適當地管理學習時間，將是影響考試合格與否的相當重要的一點。

錄取的人

# 邊走路邊背誦

落榜的人

## 一定要在書桌前唸書

「來這裡一定能打開〇〇模式的開關」，要是有這種地方會很有用。

像我在上班前，會順便到附近的咖啡店。我會一邊喝咖啡一邊確認1天的預定行程，並且思考如何完成，這時便會進入「工作模式」。

我不會在咖啡店裡洽公或休息。**我讓身體記住那裡是「切換成〇〇模式的場所」，並且引起條件反射。**

遲遲無法啟動模式時，或是有點沒那個心情時，**去那裡就一定能專心唸書，有這種地方的考生非常強大。**

不過，假如超過限度，**變成「得在那裡才能唸書」就有點問題了**。出差幾天不能回到居住地，是上班族常有的情形。這段期間，倘若唸書沒有進展，這個損失就太大了。

在這個地方一定唸得下書，除了擁有這種「習慣的空間」，另一方面也要養成只要有心，任何地方都能唸書的靈活度。因為實施正式考試的考場，不會是你熟悉的場所。

在這層意義上，強度低的「背誦內容的輸出」，應該隨時隨地都能做到。**錄取的人連走路時都在背誦**。

話說，邊走路邊背誦能提高效率。

在空間內移動時，大腦的「海馬迴」這個部分會活化，並且發出「$\theta$波」這種腦波。它刺激了腦內遍布的神經細胞後，全新的神經細胞網絡就會擴大。這時記住新知識，或是把快要埋沒的知識拉上來，剛形成的全新神經細胞連結，記憶就會成形。

當然，我自己並非腦科學家，也並未親眼確認過，不過當我們苦無靈感，注意到時已經離開座位，在房間裡轉來轉去。怎樣做才能使大腦活化，也許這就是身體比任何人都知道答案的證據。

一邊走路適合一邊「輸出背誦內容」。

因為是已經輸入頭腦的知識，之後只要想如何拉出來。並不是一直盯著寫在清單上的文字（所以不會像「走路時滑手機」那麼危險）。

看一眼所寫的內容，確認是否還記得。如果想得起來就沒問題。若是想不起來，就唸唸有詞地尋找哪邊有記憶的「頭緒」。思考一會兒，繼續思考……實在記不得的話，就看一下寫在清單背面的答案。

「喔～對耶！就是這個！」

知道後，就唸誦清單與答案10遍，然後繼續背。大概就是這種感覺。走路時唸唸有詞，也許看起來很像危險人物，不過不用在意。

**徹底變成危險人物，努力考上吧！**

# 錄取的人 背完後去上廁所

# 落榜的人 上完廁所才背書

考試錄取的人，為了背書任何時間都會利用。

例如午餐時間。**你會買便當回來，回到座位上再吃嗎？**這時肚子也餓得咕嚕咕嚕叫。你打算吃完飯解1道練習題，很想趕快吃飯對吧？

**不過，我不會現在吃飯。**

訓練狗的時候，利用「等一下」十分有效。把小塊飼料拿到狗的面前，叫牠「等一下！坐下！趴下！」，非常想吃飼料的狗狗會聽從指示。這時**狗狗覺得「做了某些事**

**就能得到飼料」，於是思考力與集中力會提升到最高。**

同樣地，對於把午餐買回來的自己，應該說：「如果想吃便當，就把背誦清單的1列從腦中輸出！要是有不記得的知識，在背出來為止先不吃飯！」和狗狗用同樣的方法訓練自己，或許你會感到抗拒，不過「想早點吃飯」是生物的本能，也是直接訴求的慾望。集中力提高，就能輕易地記住10幾、20個知識。

這麼一想，午餐買回來一下子就吃光，實在是很可惜的事。

我在學生時代，經常在浴缸裡唸書。

泡在浴缸裡頭部以下是放鬆的狀態，這時看參考書，感覺腦筋轉得很快。不過，因為是泡在大約41～42℃的熱水裡，身體會漸漸地出汗。

因為有點頭昏眼花，洗完澡後會突然想睡覺，上床後轉眼間就睡著了（因此，就寢時沒辦法背誦）。

## 利用廁所的學習方法

衝進即將閉館的圖書館背書也是我每天必做的事。閉館10分鐘前，館內會開始播放《驪歌》。周圍的考生會匆匆忙忙地離開座位，所有職員也會開始收拾。「糟了，得趕快背完！」這時你會點燃集中力。

這幾年來我有個習慣是**「在○○之前我不上廁所」**。這件事在東洋經濟Online的連載專欄上發表時，獲得了廣大的迴響。雖然用不著說明，不過在感到尿意時，立刻決定目標：

「在回完1封電子郵件前不去上廁所。」

「在文件檢查完之前，我不去小便！」

然後開始動手。提高動機的4個因素是「監視、競爭、認同、危機感」，而這是利用「危機感」的方法。

1天再怎麼努力也只有24小時。而且，24小時不可能全都用來唸書。如果要確保一些唸書時間，就先忍著不做「可有可無的事」。即使如此仍會剩下「無論如何必須做的事」、「無法忍著不做的事」。人都要吃午餐，也會想要洗澡，並且不可能不去上廁所。既然如此，至少**把這些事當成「一點獎勵」，活用「盡全力做到的力量」吧！**

## ○錄取的人 每週確認進度

## ✕落榜的人 每三個月確認進度

想要確實達成目標，需要現實的手段。話雖如此，這並非特別困難的事。

**①設定期限↓②寫計畫↓③執行↓④確認進度**

基本上只有這些。

如果把目標定為「資格考試合格」，期限就是「考試當天」。寫計畫是從分析考古題開始。為了到達合格水準，現在自己不足之處是什麼？這時要思考在期限之前獲得的手段。計畫寫好後就照著執行，定期確認進度狀況。

**無論任何計畫，都不會按照當初設想的進行。**

我想許多讀者都是工作與唸書「蠟燭兩頭燒」，如果是社會人士，當然必須以工作為優先，這個影響會顯現在學習計畫落後。**若是放任不管，落後愈來愈多，最後就會被迫修正目標（放棄今年合格，明年再努力）。**

為避免如此，須及早察覺計畫的落後，並且儘早補回進度。如果落後幅度不大，就不難挽回。

企業經營基本上也是同樣的做法。

若是上市企業，基本上在前年度決算報告的場合，須發表本期銷售額與利潤的預測（目標）數值。換言之，就是宣布「明年年度末將確保這些銷售額與利潤」。

新年度開始後，透過3個月一次的「季度決算」報告進度狀況。由於諸多要因可能超出或低於計畫，而每次都要思考如何對應。

尤其是第3季度（3／4）的落後，因為已經沒有退路，得藉由「決算特賣」拚命地使收支平衡。

此外也會藉由「月報」公開每月的實際成績，儘管零售業或餐飲業不公布，但每週都會總計、管理營業額。企業面對進度狀況小心翼翼，他們密切注意，避免「未達目標」（最後沒有達到目標值）。

## 活用「緩衝」

話說，大家應該也向身邊的人宣布了「下次考試我要考上」，所以絕對必須避免未達目標或向下修正。

尤其是**背東西，1天能記憶的知識量有極限，如果到了考前才說「都還沒背完啊！」就無法挽回了。只能以不足的知識面對正式考試。**

那該如何按照計畫進行呢？

每天努力背誦的人是自己，自己也很清楚進度落後了。問題是沒有補回進度，就這樣過了好幾天。而**解決方法之一是「活用緩衝」**。

例如，每週準備1次「獎勵時間」。像是週日上午洗自己的愛車，或打掃房間、或是到體育館的游泳池游泳，**要確保不是工作或唸書的私人時間**。

假設你的進度是「每天背30個新單字」。

因為**進度設定成高於現在的能力**，所以每天有2成（6個）沒背起來。

週一、週二、週三、週四、週五過去了，沒記住的單字累積了30個。這是預料之中的落後，在週六一次背完，就能達成這一週的進度。

但是，假設有一天發生了難以預料的事態，1整天連1個單字都沒背。在週六累積了60個沒背完的單字。這時要「活用緩衝」。**這一週取消「獎勵時間」，用來挽回落後的進度**。

如此在1週內採取對策，進度狀況就會回到原先的步調。**當週的落後就在當週補回吧！**

# 第4章

# 迅速記住的「最強記憶技巧」

學姊，讓妳久等了～
咦？
她在做什麼？
講電話？
唸唸有詞
碎唸
※快速向前
ススス
※湊近
ぬっ
學姊。
嗚哇！

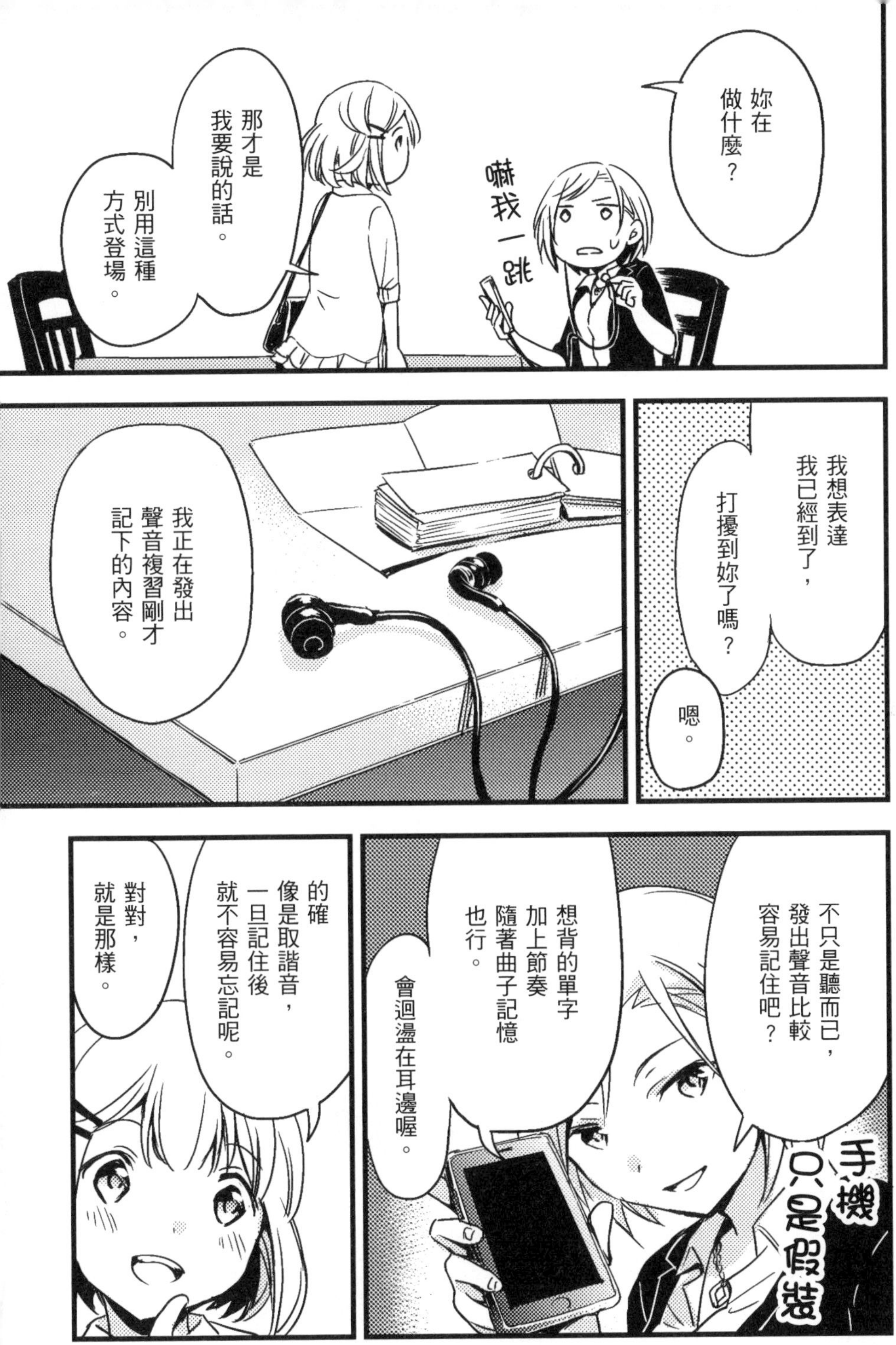
妳在做什麼？
嚇我一跳
那才是我要說的話。
別用這種方式登場。
我想表達我已經到了，
打擾到妳了嗎？
嗯。
我正在發出聲音複習剛才記下的內容。
不只是聽而已，發出聲音比較容易記住吧？
想背的單字加上節奏隨著曲子記憶也行。
會迴盪在耳邊喔。
手機只是假裝
的確像是取諧音，一旦記住後就不容易忘記呢。
對對，就是那樣。

像平常那樣發出聲音不行嗎？
倒也不是不行，
自己唸唸有詞，會被當成怪人吧？
學姊很在意奇怪的地方呢～
這感覺很一般啊。
啊～
可是，要在家裡唱歌的話，或許有困難。
我住的房子牆壁很薄，聲音會傳出去。
妳自言自語的時候也很吵啊。
有嗎!?
嘎!?
妳沒發現嗎？
會在意的話，換這個方法如何？
這是什麼？

背誦筆記的延伸版。
把想背的單字貼在家裡顯眼的地方。
平常生活中看到的資訊即使不想背，
也會不自覺地記住。
英文單字或句法混入日常生活中，就會自然而然地記在腦海裡。
這樣就不用擔心打擾到鄰居了。
等回到家就趕緊試試！

還剩一個禮拜，
盡最大努力吧！
是。
叩
最近
比起一次硬背時
感覺很有效果，
背東西變得
很開心喔。
這樣啊。
既然這樣，
這次的考試
如果妳成績不錯，
不管燒肉或壽司
我都請妳吃。
我有幹勁了！
我要拿滿分！

我很期待考試結果喔。
唔
那在餐點上來前把這一頁都背完吧！
唔～
太多了吧？
如果全背完，芭菲就給妳吃。
我要背!!
這樣考試也沒問題了。
不過，為了慎重起見，
再來一份芭菲!!
妳還真好意思。
不好意思我要加點特製加量版綜合芭菲～

錄取的人

# 藉由次序和群組記憶

落榜的人

## 從頭全部記憶

看政治家演說，有的人連續講了30～40分鐘，卻幾乎不用低頭看原稿，能娓娓而談。

演說精妙擁有定評的美國前總統歐巴馬就是能言善道的人。日理萬機的總統是如何記住那些演說內容的？你不覺得很不可思議嗎？其實，

**記住原稿是有訣竅的。**

我在高中時，曾被英文老師要求背下整篇林肯總統的《蓋茲堡演說》。

知名的「民有、民治、民享……」即出自於此。雖然這篇演說朗讀一遍僅需3分鐘，但要是不擅長英文，又不懂得訣竅，就會變成得花上1整天的大工作。

《蓋茲堡演說》從「Four score and seven years ago」（87年前）開始，然後在「and that government of the people, by the people, for the people, shall not perish from the earth.」（而民有、民治、民享之政必永續於世）結束。

**從開頭硬背到最後，每次卡住時都從一開始重來，愈到後半記憶就愈薄弱**（最後的結尾太有名了，這裡另當別論）。另外，記憶就像串珠般，在某句話卡住就無法繼續背下去。

常見到來賓在婚禮演說時，明明到中途都不用看原稿，卻在某個地方記憶斷了線，這時慌忙看原稿也不曉得講到哪裡，於是慌了手腳。這也是同樣的情形。

## 輕鬆背文章的訣竅

**背誦原稿要利用「次序」和「群組」記憶。**

所謂次序是指整篇演說的大意。按照「次序」而有「起承轉合」或「序論、本論、結論」。回到《蓋茲堡演說》，這篇演說可以分成5個群組：

①這個國家建於87年前。

②目前是陷入內戰的危機狀況。

③我們必須終止內戰。

④雖然困難重重，但為了死去的人們，我們依然得下定決心。

⑤不能使民有、民治、民享的政治消滅。

原文由3個段落所構成，不過第3段比第1、第2段略長，可以再分成3段，所以全部是5個「群組」（若是更長的原稿，反之得歸納段落，分成幾個大群組，其中再分成小群組，變成多層結構）。

接著，**背誦各個段落開頭第一句話。**

①Four score and seven years ago……

②Now we are engaged……

③But, in a larger sense……

④The world will little note……

⑤It is rather for us……

準備原文的拷貝，**用螢光筆括起每個群組，開頭第一句話用鉛筆粗魯地圈起來強調，把原稿當成一張「圖」。**

腦內認知語言的部位（左腦）與認知圖形部位（右腦）是不同的，這樣記憶能橫跨儲存於兩區，便會容易記住。

環視會場與每一位聽眾對上眼進行演說，抓住聽眾的內心，自己的意思便能傳達。不只準備資格考試，做簡報或開會時，也趁此機會試試看吧！

## 長篇文章藉由「次序」和「群組」記憶！（以《蓋茲堡演說》為例）

分成幾個群組，從開頭第一句開始背。

**Four score and seven years ago** our fathers brought forth on this continent, a new nation, conceived in Liberty, and dedicated to the proposition that all men are created equal.

**Now we are engaged** in a great civil war, testing whether that nation, or any nation so conceived and so dedicated, can long endure. We are met on a great battle-field of that war. We have come to dedicate a portion of that field, as a final resting place for those who here gave their lives that the nation might live. It is altogether fitting and proper that we should do this.

**But, in a larger sense,** we can not dedicate - we can not consecrate - we can not hallow - this ground. The brave men, living and dead, who struggled here, have consecrated it, far above our poor power to add or detract.

**The world will little note,** nor long remember what we say here, but it can never forget what they did here. It is for us the living, rather, to be dedicated here to the unfinished work which they who fought here have thus far so nobly advanced.

**It is rather for us** to be here dedicated to the great task remaining before us - that from these honored dead we take increased devotion to that cause for which they gave the last full measure of devotion - that we here highly resolve that these dead shall not have died in vain - that this nation, under God, shall have a new birth of freedom - and that government of the people, by the people, for the people, shall not perish from the earth.

錄取的人

# 發出聲音朗讀

落榜的人

## 用眼睛記憶

有些人會以超認真的眼神**盯著課本**。就好像要把書上的文字和數字，用眼睛吸取出來一般。雖然令人感受到非比尋常的氣魄，不過，**無論使用多少眼力，也不會留下深刻的記憶**。得到的只有眼睛疲勞。

前面說過「腦內認知語言的部位與認知圖形的部位不一樣。記憶橫跨儲存於2個區域，便會容易記住（容易回想起來）」，其實同樣掌管語言的大腦部位，**「認知文字**

的部位」、「認知聽到的語言的部位」、「發出語言的部位」各不相同。

因此發出聲音朗讀，「發出語言的部位」便會發揮作用，而自己的聲音傳入耳朵，「認知聽到的語言的部位」也會開始活動。

假如再加上動搖內心的事件（在景色優美的場所，有美男子或美女坐在身旁，用手指著記憶書上要背的部分，和你一起朗讀），掌管情感的右腦也會活躍地活動，並留下情節記憶，但是對於記憶書清單上的全部內容不會加上感動的故事。

## 背誦時必須大腦總動員

總而言之，背誦時盡量動員大腦許多部位才記得住。至少比起只盯著記憶書看，唸書時發出聲音確實記得比較清楚。

通勤時在車站或電車內不敢發出聲音的人，用氣音「無聲地」朗讀也可以。如果使用耳塞或耳機，即使無聲也會在頭蓋骨內聽得很清楚，要是戴上口罩，還能遮住口中唸唸有詞的樣子。

但是，清單上的所有知識也不可能每次都發出聲音朗讀。最初記住知識「輸入」時一定要朗讀，至於確認能否回想起來的**「輸出」時，只有突然想不起來的知識需要朗讀**。

這是因為，只有盯著看和發出聲音，需要的速度不一樣。例如，默念1個英文單字與意思有3秒就足夠，可是朗讀得花上5秒。雖然也才差2秒，但要是清單上有100個字，就會變成3分鐘以上的差距。

並不是說「不朗讀的話絕對背不起來」。在空閒時間可以快速地完成也是背東西的有利條件，盡量減少「必須怎樣」會比較好。

錄取的人

# 用數字創造諧音

落榜的人

## 將數字照原樣記住

假如叫大家「自己設定一組不會忘記的4位數數字」，你是不是會選擇出生年月日或電話號碼的後4碼？或者是喜歡的2名運動選手的背號？因為對你來說這組4位數是有意義的。

但是，如果隨機提出幾個數字，叫你把它背起來，那可就費力了。

**數字之所以難背，是因為它本身沒有意義。**

這時要取「諧音」，硬是給數字加上意思來背。

小學時，關於鎌倉幕府的創立時間，應該有不少人都是這樣背：「建立一個好國家（1192。※「いい国」的諧音）——鎌倉幕府」。

其實在後來的歷史研究中，得知鎌倉幕府的創立時期更早，現在教科書上寫的年份是「1185年」，這件事暫且不管，現在一定年紀以上的人聽到「鎌倉幕府」，會反射性地說出「建立一個好國家」的說法，因為**諧音是強大的記憶法**。

## 獨創的諧音是最強的武器

書店有販售年代背誦等「諧音記憶書」。

站著翻閱這些書就會明白，不過裡面夾雜了許多「再怎麼取諧音也很牽強的例子」。

話說諧音本身是「為沒有意義的數字強迫加上意思」的行為，過於牽強再來吹毛求疵也很沒道理。問題是，它完全無法觸動你的心弦。

雖然這個說法有點誇張，不過**「諧音是藉由感性創造的」**。作者的感性和你的感性不可能完全產生共鳴。就像是你背上的癢處只有你才知道，**你靈光一閃想到的諧音，只有你才能創造出來。**

至於訣竅，就是把想到的諧音**變成影像。**

鎌倉幕府的１１９２年之所以容易記住（雖然有點囉嗦，不過現在修改為１１８５年），是因為源頼朝在家臣面前宣言：「建立一個好國家吧！」、「喔～!!」這幅場面熱烈的情景躍然眼前，真是「名作」啊。

在諧音**加上影像和聲音，想像那幅情景並發出聲音，這個記憶就會橫跨腦中的各個部位。**

此外向朋友熟人公開，若能獲得一些反應，也會變成「情節記憶」，再也忘不了（雖然不知是否會觸動朋友的感性，但只要記得你曾經向朋友說過，就能充分達到目的）。

錄取的人

# 畫圖記住

落榜的人

## 用整齊的字做筆記

逐一背誦用語或數字時可以製作清單，但有時得記住參考書或課本上的某個部分。這是比起全部背誦，更需要理解內容再記住的情況。

相同部分看了好幾遍卻一點也記不住時，

**畫出相關圖或結構圖十分有效。**

難以理解的文章，用語也很艱澀，或者要素太多，關係錯綜複雜，又附有許多說明某個部分的句子，這種文章結構令人無法順利地理解。

這時要先完全排除修飾的要素，簡單地整理句子的關係。最重要的要素配置在中間，重要的部分字大一點、粗一點；不太重要的部分字小一點、細一點。各個要素用圓或四角形多畫幾圈或呈鋸齒狀圈起來，便會知道這是一個群組。

至於句子的關係，就用記號簡潔地表示。

●有關連……──（直線）
●方向性、時間順序……↑→↓←（箭頭符號）
●對立的關係……↔（雙箭頭）、─×─（直線加上叉叉）
●相互關係……⇅（雙向箭頭符號）
●2者相同……＝（等號）
●幾乎相同……≒（約等號）
●不相同……≠（不等號）

除此之外，有效利用「＋」、「－」、「×」、「÷」、「@」或「！」、

「？」、「……」，就能更直覺地瞭解要素之間的連接。不要每一個都加上記號，不用背的部分就果斷地捨去，這點也很重要。目標是**「與其唸了才懂，不如一看就懂」**。

**相關圖與結構圖並非一次就畫得出來。**

關係愈複雜，連結就愈繁亂，將各個要素配置在某處後，就必須找出第一條線是否乾淨俐落。因此，不能從一開始就用整齊漂亮的字畫在筆記本上。

用橡皮擦減少鉛筆的字跡，在傳單背面反覆重畫，「不是那樣，也不是這樣」，就會逐漸變成簡單的圖。原本複雜雜亂的圖慢慢整理得很乾淨，在你的腦中也會發生同樣的情形。

以邏輯理解文章是左腦的工作。相對地，製作充滿直覺性的圖是右腦擅長的事。

藉由插圖理解的作業所經歷的過程是，雖然嘗試輸入一次，**左腦卻無法處理，沒整理完的資訊輸出到紙上，利用右腦的能力整理後再度重新輸入。**

最初大腦會全速運轉進行處理，反覆試誤學習後，隨著圖變得簡單，負擔也逐漸減少。於是完成時能以最清楚的形狀理解，當然也會留下記憶。

這張圖牢牢地記住後，再添加相關資訊也很簡單，回想時從構成骨幹的要素去找就能找到。

錄取的人

# 把背誦項目貼在各個角落

落榜的人

## 牆上只用圖畫裝飾

平時常用的知識無須「回想」，一下子就能想起來。問題是**雖然沒什麼機會使用，需要時卻不可缺少的知識。**

在日常中不會用到的知識，因為大腦判斷不需要，所以收在記憶的深處。不過，如果連接的「頭緒」在跟前，使勁拉上來就能想起來。

記憶的「頭緒」可以用許多方式附加，不過，

**其中與空間有關的「頭緒」能成為有力的提示。**

比方說，大家現在答得出來下列物品放在家裡哪個位置嗎？

●創傷藥和絆創膏
●自行車的備用鑰匙
●用來取出手機ＳＩＭ卡的別針
●護照

這些都不是平時隨身攜帶，日常中會用到的東西。然而，不用在家裡翻箱倒櫃，你也能輕易地回答「大概在那個位置」吧？

理由之一是，**因為收在哪個地方大致是固定的。**創傷藥不可能在玄關的鞋櫃裡出現，應該也沒人會把護照放在冷凍庫裡面吧？和自行車有關的物品在這附近，證件或卡類等相關物品在這邊，這些整理標籤就是提取記憶的「頭緒」。

除此之外與空間有關的知識，對動物而言具有攸關生死的價值（找到食物或迴避危險場所等），所以比其他資訊的記憶更鮮明。

小學的音樂教室牆上貼的作曲家肖像畫，或是禮堂牆上掛的畢業生製作的瓷磚畫，應該不少人現在依然記憶鮮明。

走在小時候只來過一次的街道上，回想起「彎過這個轉角應該有一座大公園」，結果眼前出現了腦中的景象，應該也有人有過這種經驗。

為了考試的知識也與空間結合記憶的話，訴諸接近本能的部分會更容易記住

具體而言，可以將知識的清單貼在門上或牆上，在日常中便會映入眼簾。**洗臉台（鏡子的一部分）、廁所門、浴室牆壁或床上的天花板等都是1天一定會面對1次的場所**，只要不是有意地移開視線，無意中便會看一下吧？當然，也會發出聲音朗讀。

反覆地讀便容易記住，這和一般的背誦方法相同，不過**「貼在」某個特定場所的情景，會變成影像留下記憶**。考卷上的問題需要這個知識時，

「啊，這是貼在浴室的溫度控制面板上的內容！」

把「場所」當成「頭緒」回想，想起影像就能拉起寫在上面的內容。

在家裡貼滿字條或許在室內裝飾方面有些礙眼，不過在考試結束前忍耐一下吧！

錄取的人

# 英文單字用接頭語整理

✕

落榜的人

## 一個字一個字分別背下來

對於學習日語的歐美人士來說，漢字是非常高的一道障礙。我曾被問過：「漢字全部有幾個？報紙上使用的至少約有2000字！你們是怎麼背起來的!?」

聽到這個問題，不少人會重新思考：「咦？我是怎麼背起來的？」小學學習的漢字約有1000字，我記得每天都透過漢字練習和小考勤苦地記住。

不過，之後的1000字是怎麼背的，老實說我不太記得，印象中也沒有很辛苦。因為漢字從某個部分開始，

**藉由部首的規則記憶會愈來愈輕鬆。**

例如看到「鰯」，「這是『魚偏旁』，所以是某種魚。感覺很弱小的魚是什麼？小隻的魚有哪些……？喔，是沙丁魚！」**拉動偏旁的「頭緒」，用右邊的「提示」就能釣起正確答案**。

教科書或漢字練習也有「寫出10個○○偏旁的漢字」等，藉由偏旁和右邊的「整理」增加知識的單元。**所謂的「整理」就是分類，所以在記憶的階段會容易整理，而且因為附有索引也容易取出**。

背英文單字之所以辛苦，是因為沒有利用這種「整理」，而是按照英文單字集裡出現的順序逐一記憶。其實英文也有相當於「偏旁」和「右邊」的部分。

經這麼一說，雖然想到「確實如此」，不過**英文單字大多以「接頭語＋語幹＋接尾語」的構造構成**。

例如exchangable這個單字，是由語幹change（改變）接上接頭語[ex]和接尾語[able]。接頭語ex相當於偏旁，具有「向外」的意思。接尾語able有「可以～」的意思。換句話說，「向外＋改變＋可以～」就會變成「可以交換」。

其次，接頭語ex能接的單字另外有exit（出去）、export（輸出）、extend（擴展）、extract（抽出）等，皆是從「向外」的印象能想起的單字。

另外，接尾語able能接的單字另外有adoptable（可採用的）、portable（可攜帶的）、sustainable（能保持的）、washable（可洗的）等，皆是從「可以～」的意思能想起的單字。

## 藉由接頭語記憶的好處

藉由「接頭語＋語幹＋接尾語」記憶的好處是，**並非以英文單字和中文翻譯的一對一關係，而是能憑印象理解。**

在高中時代的英語課，老師問我：「command的意思是什麼？」我回答：「是『命令』。」老師又問：「那He commands English.該如何翻譯？」結果我無言以對。

Command是由接頭語com和語幹mand所組成。Com具有「一同、一起」的語感，用於company（公司）或communicate（聯絡）等單字。Mand具有「放在某人手中」的語感，用於demand（要求）或mandate（規定必須）等單字。

假如我在當時能掌握command的語感，「He commands English.」從把英語歸為己有的印象，我或許就會知道這裡是「隨心所欲地掌握」的意思。

追溯語源增加語幹太深奧了，或許趕不上下次的考試，不過**若是接頭語，可以接在許多已經知道的單字上**，藉由「整理」就能不斷增加單字。

TOEIC
考試會場

**鬼頭政人** Masato Kito

律師。株式會社SiGHTViSiT董事長。1981年生於東京都，開成高中（特優）、東京大學法學院畢業。繼續攻讀慶應義塾大學法學院研究所，在學期間即通過司法特考，而且一次就過關。2007年進入石井法律事務所擔任律師。經手處理企業糾紛、民事再生、繼承、離婚案件。自2010年起參與株式會社產業革新機構。在投資團隊中，從事大型企業重組、風險投資、中小企業投資。2013年12月，創辦株式會社SiGHTViSiT。經營線上證照考試服務「資格square」，以自身的知識為首，藉由IT技術＋腦科學提供「最快合格學習法」。著有《資格試験に「忙しくても受かる人」と「いつも落ちる人」の勉強法》、《東大合格者が実践している絶対飽きない勉強法》（以上皆為大和書房）等作品。提出次世代學習法的「資格square官方頻道」在Youtube發布中。

Twitter:@kito52093287

各種考試一次合格！
**東大律師教你輕鬆高效記憶術**

2019年4月1日初版第一刷發行

作　　者　鬼頭政人
譯　　者　蘇聖翔
編　　輯　吳元晴
特約美編　鄭佳容
發 行 人　南部裕
發 行 所　台灣東販股份有限公司
＜地址＞台北市南京東路4段130號2F-1
＜電話＞(02)2577-8878
＜傳真＞(02)2577-8896
＜網址＞http://www.tohan.com.tw
郵撥帳號　1405049-4
法律顧問　蕭雄淋律師
總 經 銷　聯合發行股份有限公司
＜電話＞(02)2917-8022



國家圖書館出版品預行編目資料

各種考試一次合格！ 東大律師教你輕鬆高效記憶術/鬼頭政人著; 蘇聖翔譯.-- 初版. -- 臺北市 : 臺灣東販, 2019.04
218面；14.7×21公分
ISBN 978-986-475-967-5 (平裝)

1.記憶 2.學習方法

176.33　　108002824

CHO KOUSOKU ANKIJUTSU

**東大、司法特考、多益超過900分——**

**「準備考試的高手」彙整出記憶的祕訣！全公開！**

第1章

聰明的人如何面對
「感到疲倦的記憶作業」？

第2章

輕鬆記住的背誦計畫

第3章

習慣記憶的方法

第4章

迅速記住的「最強記憶技巧」

ISBN 978-986-475-967-5
00320
東販出版　定價320元